JN203767

改訂第2版

保育・幼児教育シリーズ

言葉の指導法

大豆生田啓友・佐藤浩代 編著

玉川大学出版部

保育・幼児教育シリーズ
改訂第2版にあたって

幼稚園教育要領，保育所保育指針，
幼保連携型認定こども園教育・保育要領改訂（改定）のポイント

　玉川大学出版部の保育・幼児教育シリーズ改訂第2版は，2018（平成30）年施行の幼稚園教育要領，保育所保育指針，幼保連携型認定こども園教育・保育要領（以下，3文書）の改訂（改定）を受け，本シリーズをリニューアルするものです。そこで，シリーズのうち改訂第2版となる5巻の冒頭に，共通にこの3文書改訂（改定）のポイントを簡潔に記します。その趣旨は，改訂（改定）のポイントを示すことで，どこが変わったのかの全体像を概略的に理解するためのものです。そのため，その内容の詳細等は，それぞれの要領・指針の原文で確認してください。

　改訂第2版の事例等に関しては，初版の内容を生かしたものです。

1　3文書同時改訂（改定）── 3施設に共通の幼児教育機能

　今回の大きなポイントは，3文書を同時に改訂（改定）したことにあります。そして，その基本的な内容の整合性をはかり，できるだけ同一のものにする方向性を模索したことにあります。それは，幼稚園，保育所，幼保連携型認定こども園は，文部科学省，厚生労働省，内閣府とそれぞれ管轄部署が異なり，法体系も異なります。そのため，幼稚園が学校（幼児教育施設）であるのに対して，保育所は児童福祉施設です。本来，同じ幼児期の子どもへの教育機能は共通であるべきとの考えから，3つの施設は同じ幼児教育機能を有するものとして改訂（改定）が行われました。

　幼稚園，保育所，幼保連携型認定こども園には，同じ幼児教育機能があるということであり，すべての施設において，幼児期の遊びを通した総合的な指導の教育（保育）がその後の小学校以降の教育につながっていくという構造になります。

2 幼稚園教育要領の改訂のポイント

（1）学習指導要領改訂との関連性

　今回の改訂は，学校教育全体の改訂に位置付けられるものです。それは，2016（平成28）年の中央教育審議会答申「幼稚園，小学校，中学校，高等学校及び特別支援学校の学習指導要領等の改善及び必要な方策等について（答申）」を踏まえた改訂となります。

　そこには，資質能力の一層確実な育成と「社会に開かれた教育課程」の重視等の今回の改訂の基本的な考え方に加え，育成を目指す資質・能力の明確化，「主体的・対話的で深い学び」（いわゆるアクティブ・ラーニング）の実践に向けた授業改善の推進，各学校におけるカリキュラム・マネジメントの推進，伝統や文化，幼小接続など現代的な諸課題等に対応した教育内容の充実が掲げられています。

　この学習指導要領の改訂の中に，幼稚園教育要領改訂が位置付けられます。ここでは，以下，3つのポイントについて取り上げます。

（2）幼児教育で育みたい資質能力の明確化

　今回の改訂では，幼児教育で育みたい資質能力として，「知識・技能の基礎」「思考力・判断力・表現力等の基礎」「学びに向かう力，人間性等」の3つを明示しています。それは，小学校以上の3つの資質能力と連続性を持ったものととらえられます。そして，これまで同様の5領域（健康，人間関係，環境，言葉，表現）を踏まえ，遊びを通しての総合的な指導により一体的に育むことが示されました（図0-1）。

| 小学校以上 | 知識・技能 | 思考力・判断力・表現力等 | 学びに向かう力・人間性等 |

※下に示す資質・能力は例示であり，遊びを通しての
　総合的な指導を通じて育成される。

幼児教育

〈 環境を通して行う教育 〉

知識・技能の基礎
（遊びや生活の中で，豊かな体験を通じて，
何を感じたり，何に気付いたり，何が分かったり，
何ができるようになるのか）

- 基本的な生活習慣や
  生活に必要な技能の獲得
- 身体感覚の育成
- 規則性，法則性，関連性等の発見
- 様々な気付き，発見の喜び
- 日常生活に必要な言葉の理解
- 多様な動きや芸術表現のための
  基礎的な技能の獲得　等

思考力・判断力・表現力等の基礎
（遊びや生活の中で，気付いたこと，できるように
なったことなども使いながら，どう考えたり，
試したり，工夫したり，表現したりするか）

- 試行錯誤，工夫
- 予想，予測，比較，分類，確認
- 他の幼児の考えなどに触れ，
  新しい考えを生み出す喜びや楽しさ
- 言葉による表現，伝え合い
- 振り返り，次への見通し
- 自分なりの表現
- 表現する喜び　等

遊びを通しての総合的な指導

- 思いやり　●安定した情緒　●自信
- 相手の気持ちの受容　●好奇心，探究心
- 葛藤，自分への向き合い，折り合い
- 話合い，目的の共有，協力
- 色・形・音等の美しさやおもしろさに対する感覚
- 自然現象や社会現象への関心　等

学びに向かう力・人間性等
（心情，意欲，態度が育つ中で，いかにによりよい生活を営むか）

・3つの円の中で例示される資
　質・能力は，5つの領域の「ね
　らい及び内容」及び「幼児期の
　終わりまでに育ってほしい姿」
　から，おもなものを取り出し，
　便宜的に分けたものである。

◎文部科学省「幼児教育部会における審議の取りまとめ（平成28年8月26日）」より引用

図0-1　幼児教育において育みたい資質・能力

（3）幼児期の終わりまでに育ってほしい姿と幼小接続の推進

さらに，今回の改訂では幼児期の終わりまでに育ってほしい姿を示しています。これは，「健康な心と体」「自立心」「協同性」「道徳性・規範意識の芽生え」「社会生活との関わり」「思考力の芽生え」「自然との関わり・生命尊重」「数量や図形，標識や文字などへの関心・感覚」「言葉による伝え合い」「豊かな感性と表現」であり，「10の姿」とも言われますが，5領域の中からくくりだされたものです（表0-1）。

表0-1　幼児期の終わりまでに育ってほしい姿と5領域の関連

5領域	10の姿
①健康	健康な心と体
②人間関係	自立心
	協同性
	道徳性・規範意識の芽生え
	社会生活との関わり
③環境	思考力の芽生え
	自然との関わり・生命尊重
	数量や図形，標識や文字などへの関心・感覚
④言葉	言葉による伝え合い
⑤表現	豊かな感性と表現

そして，この幼児期の学びの具体的な姿である10の姿を通して，小学校と共有されるよう工夫，改善を行うことが求められています。小学校学習指導要領にも，「幼児期の終わりまでに育ってほしい姿を踏まえた指導を工夫する」のほか，「小学校入学当初においては，幼児期において自発的な活動としての遊びを通して育まれてきたことが，各教科等における学習に円滑に接続されるよう，生活科を中心に，合科的・関連的な指導や弾力的な時間割の設定など，指導の工夫や指導計画の作成を行うこと」とあります。

つまり，今回の改訂では，遊びによる総合的指導を通しての小学校との学びの連続性が強調されているのです。そのため，これまでに述べた

3つの資質能力，5領域，10の姿を踏まえ，より質の高い幼児教育を行うためのカリキュラム・マネジメントが求められています。

（4）現代的な諸課題を踏まえた教育内容の見直し

　幼児教育の重要性として掲げられる自己制御や自尊心などの非認知能力の重要性など，現代的な諸課題を踏まえた教育内容の見直しに加え，預かり保育や子育て支援の充実など保護者や地域に幼稚園のはたらきを開いていくことなどが示されました。

3　保育所保育指針の改定のポイント

（1）乳児・1歳以上3歳未満児の保育に関する記載の充実

　乳児から2歳児くらいの時期は心身の発達の基盤が形成される重要な時期であると同時に，生活や遊びを通して主体的に周囲の人や物に興味を持ちかかわっていく姿は，「学びの芽生え」であると考えられることを踏まえ，3歳未満児の保育の意義を明確化し，その内容について一層の充実を図ることが今回の改定の大きなポイントです。

　その背景には，保育所入所希望者が増大し，3歳未満児の保育の定員が大きく増えたことがあります。また，3歳未満児の発達上の特徴などを踏まえ，3歳以上児と区別して記述する必要性があったこともその理由です。そして，乳幼児期に自尊心や自己制御などの非認知能力の育成が人間の一生の成長において重要であることも背景にあります。

（2）幼児教育の積極的な位置づけ

　今回の改定は，保育所保育も幼稚園教育と同じ幼児教育機能があることが示されました。それは，従来の知識偏重の教育ではなく，資質能力を育てる学校教育全体の改革の一端を保育所も担うことになったことを意味するのです。

　保育指針においては，従来通り，子どもが現在を最も良く生き，望ま

しい未来をつくり出す力の基礎を培うために，環境を通して養護及び教育を一体的に行うという記述がなされています。この記述をより一層充実させることが重要です。指針には「主体的・対話的で深い学び」や「カリキュラム・マネジメント」という用語は使用されていませんが，その意図は関連個所に含まれています。

（3）健康及び安全についての記載の見直し

家庭や地域における子どもの育ちをめぐる環境の変化を踏まえ，一人ひとりの健康状態や発達の状態に応じて，子どもの健康支援や食育の推進が求められています。また，アレルギー疾患への対応や事故防止等に関して，保育所内での体制構築が求められているのです。さらに，東日本大震災以降の自然災害等の状況を勘案し，子どもの生命を守るための危機管理体制等も求められます。これらを踏まえ，健康及び安全に関する記載内容の見直しと，さらなる充実を図る方向性で記述されています。

（4）保護者・家庭及び地域と連携した子育て支援

2008 年改定で「保護者に対する支援」として位置付けられた章を「子育て支援」として改めた上で，記載内容の整理と充実が図られています。それは，子育て家庭への支援の必要性が高まる中で，多様化する保育ニーズに応じた保育，特別なニーズを有する家庭への支援，児童虐待の発生予防及び発生時の迅速かつ適切な対応などが求められることが背景にあります。

また，地域で子育て支援に携わる他の機関や団体など様々な社会資源との連携や協働を強めることで，子育て支援の充実が求められています。

（5）職員の資質・専門性の向上

保育所において特に中核的な役割を担う保育士をはじめ，職員の研修機会の確保と充実を図ることが重要な課題としてあげられています。そして，施設長の役割及び研修の実施体制を中心に，保育所において体系

的・組織的に職員の資質向上を図っていくための方向性や方法等を明確化しました。

4 幼保連携型認定こども園教育・保育要領の改訂のポイント

　幼保連携型認定こども園教育・保育要領の改訂においては，幼稚園教育要領および保育所保育指針との整合性に加え，特に配慮すべき事項として，以下の事項の充実を図っています。

・満3歳以上の新園児や他の保育施設から移行してくる子どもへの配慮。
・異年齢の子どもがかかわる機会を生かした多様な経験や園児同士の学び合いができるような工夫。
・在園時間が異なる子どもがいることへの配慮。
・長期休業中の子どもたちへの体験の差への配慮。
・多様な生活形態の保護者が在園していることへの配慮や，地域における子育て支援の役割等，子育ての支援に関する内容の充実。

　2018年10月

　　　　　　　　　　　　　　保育・幼児教育シリーズ執筆者代表
　　　　　　　　　　　　　　大豆生田啓友・若月芳浩

参考文献

◎汐見稔幸・無藤隆監修，ミネルヴァ書房編集部編『〈平成30年施行〉保育所保育指針 幼稚園教育要領 幼保連携型認定こども園教育・保育要領　解説とポイント』ミネルヴァ書房，2018年
◎厚生労働省「保育所保育指針」2018（平成30）年
◎内閣府「幼保連携型認定こども園教育・保育要領」2018（平成30）年
◎文部科学省「幼稚園教育要領」2018（平成30）年

はじめに

　子ども・子育て支援新制度及び3文書改訂（改定）に伴い，幼児教育・保育の制度が大きく変わろうとしている。今後さらに，認定こども園が増えていくことが予想される。子どもや子育てを取り巻く環境も大きく変化する中で，ますます幼児教育・保育の役割は大きなものとなっている。特に，現代の子どもの経験世界は，社会の変化の中で大きく変化しており，子どもが園生活を通して経験する内容である「保育内容」はとても重要であることは言うまでもない。

　園生活において，「言葉」を育てるための内容とはどのようなものだろう。文字の読み書きの習得や，正しい言葉の使い方などがイメージされるかもしれない。あるいは，最近では英語教育等も注目されている。しかし，乳幼児期の教育・保育は，子どもの主体的な遊びや生活を通して，自分の世界を広げていく営みである。遊びや生活の中で，母語を基盤に言葉の豊かな世界に出合っていくとも言える。それは，必ずしも，早く文字の読み書きができることや，正しい言葉を早く教え込んでいくようなことではない。

　ある園でこのような姿があった。5歳児のキエは，アキと大の仲よしであり，毎日，一緒に遊んでいる。ある日，アキはキエに「きえちゃん，いつもあそんでくれてありがとう」という手紙を手渡した。キエはとても嬉しかった。でも，自分はまだほとんど字が書けない。返事を書きたいけれど，書けない。そこで，キエは母親にアキ宛の手紙を書きたいと相談した。すると，母親はひらがなの50音表をもってきて，一緒にアキの「あ」からまねて書いてみることにした。そして，キエはたどたどしい文字ではあったものの，「あきちゃん。ありがとう」という手紙を書くことができた。翌日，その手紙をアキに渡し，二人の親密さがさらに増したことは言うまでもない。

　遊びや生活の中で，言葉の豊かな世界に出合っていくとは，たとえば，このようなことであろう。ワークブックで文字の読み書きを練習するという学び方もある。しかし，子どもが遊びや生活の中で主体的に学んでいくということは，このような生活の中の必然性，主体性，親しみの中

で，感動を伴って行われることなのである。

　言葉の領域は，文字のことのみならず，言葉を話すこと，聞くこと，語彙が増えていくこと，絵本等の物語の世界に親しんでいくこと，言葉の前の言葉等もある。乳幼児の言葉の世界はとても豊かな世界である。本書を通して，その豊かな世界を学んでいただければ幸いである。

　　　　　　　　　　　　　　編著者を代表して　大豆生田啓友

保育・幼児教育シリーズ　改訂第2版
言葉の指導法

目次

保育内容「言葉」とは何か

第1章では，保育内容「言葉」がどのような領域であるかについて，その概要について学ぶ。最初にイントロダクションとして，乳幼児期の子どもの言葉のおもしろさに触れる。さらに，人の「言葉」が育つことの基底となる考えについて学ぶ。そして，幼稚園教育要領における保育内容及び領域の考え方について触れ，領域「言葉」の内容の基本的なとらえ方について学んでいく。

 第1節　乳幼児期の言葉のおもしろさ

　乳幼児期の子どもと関わりをもつと，その表情やしぐさのおもしろさやかわいらしさのみならず，言葉のおもしろさやかわいらしさに出合う。それは，乳幼児期という発達の未熟さによるものでもあるが，同時に乳幼児期ならではの豊かな世界を感じさせるものでもある。それでは，乳幼児期の言葉の世界に触れてみよう。

1　1歳児の言葉のおもしろさ

　1歳児はやっと「一語文」（「ワンワン」「マンマ」等）を話し始める時期で，まだ語彙も少ない。また，子どもと日常的に関わっていない大人等にとっては，その言葉が聞き取りにくく，その意味も分かりにくいことが多い。そのため，まだこの時期は豊かな言葉のやりとりが存在しないように思われがちである。しかし，それはまちがっている。この時期の子どもの言葉のやりとりに耳を傾けると，実に豊かな言葉の世界があることに気付かされる。

事例1 「んーんーねぇ」「なーのーねぇ」

「んーんーねぇ」（たかお1歳5か月）

「なーのーねぇ」（ひろみ1歳8か月）

「しょうでぇねえ」（たかお）

「ちゃうのおねぇ」（ひろみ）

（今井和子『ことばの中の子どもたち』童心社47頁より抜粋）

　保育所の1歳児クラスの様子。この時期の子どもの姿を見ていると，まだ，あまり言葉を話すことができない1歳の子ども同士が，まるで会話をしているような姿に気付くことがある。当時担任をされていた今井和子さんは，この1歳児の二人が，聞き取りにくい音声を発し，うなずき合っている姿を見て，「ことばにもなっていないのに，いったい何をおしゃべりしているのかしら？」と記録したものである。

　今井さんはこのやりとりを，二人が「同じような音声を出しあって楽しんでいるようでもあり，たかおのことばに対して，ひろみが"そうじゃあないの"とさかんに教えているようにも見えました」と言う。そして，「保育所で毎日一緒に生活している子どもたちですから，家庭における兄弟と同じようなふんい気で，お互いの行動や心情をわかりあっている」，そして「ことばにならないことば（音声）だけで通じあい，心を通わせている1歳児どうしの姿に，私は驚かされました」と述べている。

　3歳未満の子どもたちと関わっていると，無言でおもちゃ等をもってくる姿がある一方で，何かを懸命に伝えようとしている子どもの姿に気付かされる。この時期の子どもの言葉はとても聞き取りにくく，その意味が分かりにくいため，つい「そうだね」と，その意味もまったく分からないまま，とりあえず笑顔で応えてしまうことも多い。しかし，その様子を前後の流れで振り返って考えてみると，あのとき，きっと何かを説明しようとしていたのだろうと気付かされることもある。

　この事例1は，今井さんが言うように，音声だけで会話を楽しんでいる（つまり「会話ごっこ」のような）ものであろう。また，単に楽しんでいるだけではなく，ひろみは「そうじゃあないの」と何らかの意図があって，たかおに伝えているのかもしれない。子どもは自分が使える言葉（指差し等，身振りや手振り等の身体的な動作も含め）を最大限に使って，相手とコミュニケーションしようとするのである。ここに，この時代の言葉の豊かさが存在するといえよう。

2 3歳児の言葉のおもしろさ

　3歳児は，友達への関心が大きく広がる時期である。一人遊びもまだ多いが，友達と遊ぶ機会も増え，友達とおしゃべりをすることも増えてくる。自分なりには一生懸命語るが，まだ十分に相手の言葉を受け取って，やりとりすることがうまくいかないことも多い。そのため，ちぐはぐなやりとりも多く，そのおもしろさもあるのが3歳児である。

事例2 3歳児「あのチューリップ，なんか咲いてなぁい？」

　ある幼稚園，3年保育3歳児リョーガくん，入園して数日後の姿。この日，リョーガくんは，園庭にある固定遊具の乗り物に乗って一人遊んでいる。そこに，同じ3歳児のユキナガくんが，走ってこちらにやって来る。すると，リョーガくんは満面の笑顔。ユキナガくんと一緒に何かして遊びたい。

　リョーガくんは，固定遊具を降りて，ユキナガくんに「ちょっと，待ってね」と声をかけていく。すると，少し先のチョーリップが目に入り，それを指差す。そして，ユキナガくんに向かって，「ねえ，あのチューリップ，なんか咲いてなぁい？」と大きな声で語りかける。少し間があいて，ユキナガくんはそちらをちょっと見て，「ちゃ，ちゃくらんぼ（サクランボ？）！　……あははははは」と笑う。

　リョーガくんはさらに，「ねぇ，行って見てごらん」と言う。ユキナガくんは何も答えない。仕方がないので，「チューリップ，咲いていないのかなぁ」と残念そうにつぶやく。そして，ユキナガくんの乗っている固定遊具に自分も乗る。

　その後，ユキナガくんが寝転んだ姿を見て，リョーガくんは自分も同じように寝転んでみる。すると，ユキナガくんはその姿に笑顔を見せ始める。そして，ユキナガくんは，リョーガくんと同じ向きに体を動かす。リョーガくんが「パパのまね」というと，ユキナガくんは大きく笑う。
（DVD　文部科学省選定『3年間の保育記録　3歳児編』岩波映像株式会社より記述）

　友達への関心が強くなっているリョーガくん。ユキナガくんと楽しく遊びたい気持ちがあふれている。チューリップがその場で目に入ったため，ユキナガくんとつながりをもつための媒介物としてそれを指差す。そして，「あのチューリップなんか咲いてなぁい？」と語りかけている。

　小さな子どもが相手に何かを伝えるときに，よく「指差し」を行う。大人は子どもが指差したものに対して，「あ，ワンワンね」等と共感的に応じてくれることが多いが，まだ幼い子ども同士ではなかなかうまくいかないことも多い。ユキナガくんは，「ちゃ，ちゃくらんぼ（サクランボ？）！　……あはははは」と，まったくかみ合わない応答をする。リョーガくんとしては，一緒に同じ対象を見ることによって，共感する関係を築きたいのだが，明らかにずれてしまった。

　そこで，リョーガくんは「ねぇ，行って見てごらん」と新たな提案をしてみる。しかし，それには何も応えてもらえない。そこで，「だから，咲いていないのかなぁ」と自分でこの語りかけは失敗であったと思い，この会話を終了するための「落ち」をつけたのだと思われる。

　このように，3歳児の会話は，双方向に成立しないことも多い。しかしながら，懸命に他者の視点に立ち，相手とつながるための話題を見いだし，自分なりに言葉を発しようとするところに，発達を感じさせられる。その後，リョーガくんがユキナガくんと同じように寝転ぶことで，共感的な関係が生まれている。リョーガくんがユキナガくんの動きを模倣したのだと思われる。まさに，言葉よりも，身体が語る言葉のほうが，リョーガくんの思いが伝わったと見ることもできるだろう。このように，子どもは身体的な表現も含め，相手とコミュニケーションを図ろうとしているのである。

3 5歳児の言葉のおもしろさ

　5歳児くらいになると，自分の思いや考えを言葉にするだけでなく，相手の気持ちを受け止めたり，考えて自分の言葉を発することが増えてくる。ときには，自分の気持ちを抑え，相手の立場に立って言葉を発したり，他者の意見を聞いて，自分の意見を修正するような場面もある。そのような一人前のやりとりの中に，ほほ笑ましい言葉も生まれてくる。

事例3 5歳児「"しろよ" とかさ，そういう言い方いうとさ，ぼくさ，言いたくなくなるんだよね」

　5歳児2学期の姿。生活発表会に向けて，おばけやしきづくりが行われている。グループで話し合ったり，絵本のイメージも生かしながら，おばけがつくられている。カズトくんもヒョンジくんも，それぞれ空き箱でおばけをつくっている。

ところが，カズトくんがつくっている最中に体を動かしていると，うっかりヒョンジくんのつくった箱の上に座ってしまい，壊してしまう。ヒョンジくんは「なんだよ！」と強い勢いでカズトくんを責める。にらむように見ているヒョンジくんに対して，カズトくんは何も言えずにいる。「なんでこわすんだよ！」「なんでこわすんだよっていってんだろ！」と迫るヒョンジくん。

　カズトくんはしばらく沈黙のままでいるが，その後，「ただ，まちがえてやっちゃったんでさぁ」と小さな声でつぶやく。すると，「でも，ごめんねしろよ！」とヒョンジくんが言う。すると，またカズトくんはしっかりとした言葉で，「"しろよ"とかさ，そういう言い方いうとさ，ぼくさ，言いたくなくなるんだよね」と言う。

　その後，ヒョンジくんはそのことを「わざとじゃないんだけどね，ごめんね言わなかった」と保育者に伝える。保育者は「じゃあ，わざとじゃないのは知ってるけど，ごめんねしてほしいって」とカズトくんに伝える。その後，カズトくんはヒョンジくんに「ごめんね」と言う。すると，ヒョンジくんも「いいよ」と返す。

（ビデオ『年長さんがつくったおばけやしき──生活発表会に向けて』より記述）

　カズトくんは思わぬ失敗をしてしまい，ヒョンジくんのつくっているおばけを壊してしまった。ヒョンジくんは悪かったなら，「ごめんね」と言って，相手に謝るべきであることを伝えている。それに対し，カズトくんは，本当は自分が悪いと思っているが，勢いよく自分を責めるヒョンジくんの姿勢を簡単に受け入れることができない。そこで，出てきた言葉が，「"しろよ"とかさ，そういう言い方いうとさ，ぼくさ，言いたくなくなっちゃうんだよね」と自分の正直な思いを伝えている。自分の過ちを理解し，相手の思いを受け入れながらも，その言い方では納得できないと自分の思いを伝えているのである。

　もっと小さい年齢であると，たたき合いのけんかになることも多いが，5歳児も後半になってくると，相手の言い分をしっかり聞きながら，相手と折り合う姿も多くなってくる。納得できない場面に対して，自分がなぜ納得できないかをしっかりと言葉で表現している姿がほほ笑ましいエピソードである。

　以上のように，乳幼児期の子どもの言葉に耳を傾けると，様々なおもしろさがある。保育内容「言葉」を学ぶにあたって，実際に子どもとの触れ合いの中で，子どもの言葉の豊かな世界に出合ってもらいたいものである。

 第2節 「言葉」が育つということ

1 ヒトの進化と言葉

　ヒト（ホモ・サピエンス）が他の動物と違う普遍的な特性として，一般的に6つの特徴が挙げられる。大きな脳，直立二足歩行，言語と言語能力，道具の製作と使用，火の使用，文化の6つである。ヒトはおおよそ600万年前に近縁の動物であるチンパンジーから分かれて進化してきたといわれる。つまり，ヒトがヒトである6つの特徴は，この600万年の間に，様々な気候や風土等の環境条件に適応し，進化してきたのである。

　ヒトが言葉を話せるようになるためには，直立二足歩行ができるようになることで首が長くなり，咽頭が下がって長くなったことによる等，構造の進化がある。また，脳の発達との関連でもあるが，25万年前の初期のホモ・サピエンスの脳はすでに現代人とほぼ同じ大きさがあり，言語能力があった可能性があるともいわれている。

　また，文字は6,000年前以降に世界のいくつかの地域で発明された。楔形文字（くさびがた）が6,000年前にメソポタミアで，ヒエログリフが5,500年前にエジプトで，漢字は4,500年前に中国で発明されたといわれている。これは，これまで口伝えでしか残せなかったものが，石版等に残されるようになったのであり，文字の発明は画期的なものであった。文字の発明によって，より文化の伝承がしやすくなり，文字の読み書きを習得するための教育の誕生にもつながっていったのである。

　つまり，言葉は人間の進化の産物であり，人間にとって「言葉」はとても重要なものである。言葉は豊かなコミュニケーションを形成することを可能にし，文化の発展にも大きな影響を与えてきたのである。だからこそ，言葉の育ちとその教育ということが「保育」の中でも重視されるのである。

2 乳幼児の言葉の育ち

　それでは，乳幼児期の子どもが言葉を学んでいくとはどのようなことであろうか。詳しくは第2章において学ぶが，ここではその入り口について押さえておきたい。

　言語学者のチョムスキーは，人間は言葉を生成する生来的な能力を

もっていることを提唱した。これは，普遍文法（あらゆる言葉に共通する言葉の秩序で，言葉の習得の基盤となるもの）が生得的に人間の脳に組み込まれているという考えだ。この考えによれば，言葉の習得において，赤ちゃんはまったくの白紙状態ではないことを意味する。この基本的な枠組みをもちながら，周囲の環境との関わりを通して言葉の習得がなされていく。

　最近では，初期の社会的経験が言語発達の基礎を形づくることがいわれる。子どもはおおよそ1歳までには最初の言葉を話し，その後言葉が増えていく。そのプロセスにおいて，大人（親や保育者）等は，授乳やおむつ替えの際に言葉を語りかけたり，いないないないばあをすることや絵本を読んであげる等，様々な対話を行う。それは，子どもへの直接的な語りかけのみならず，子どもが伝えようとしていることに耳を傾けたりする等，多様な言葉を介さない関わり（ノンバーバルコミュニケーション）も含む。こうした初期の多様な対話による社会的経験が言葉の発達の基礎を形成していくのである。

　保育所や幼稚園，あるいは認定こども園等の集団保育施設等では，こうした特定の大人とのコミュニケーションに加え，多様な人（大人・子ども）とのコミュニケーションを通して言葉を習得していく。第1節の事例を通しても，周囲の子どもとの関わりが重要な言葉の育ちにつながっていることが理解できるであろう。

3 言葉の受け手としての大人の存在 ― 子どもの詩から

　言葉が育つ上で，子どもの存在の傍らにある大人（親・保育者・教師）の存在はひじょうに大きいものである。子どもの豊かな言葉が生み出される背景にある大人の存在の役割について，ここでは，一人の子どもの詩を通して考えてみよう。

　鹿島和夫さんと灰谷健次郎さんの共著に『1年1組　せんせい　あのね』（理論社）という本がある。ここには，鹿島さんが担任をしている小学校1年生のクラスで行った「あのね帳」から抜粋された子どもの詩がつづられている。この中に，あおやまたかし君の「ぼくだけほっとかれたんや」という詩がある。この詩は小学1年生のものではあるが，子どもが自分なりの言葉を表現していくという意味では幼児とも共通するので，抜粋してとりあげてみたい。

「ぼくだけほっとかれたんや」（あおやまたかし）

がっこうからうちへかえったら
だれもおれへんねん
あたらしいおとうちゃんも
ぼくのおかあちゃんもにいちゃんも
それにあかちゃんも
みんなでていってしもうたんや
あかちゃんのおしめやら
おかあちゃんのふくやら
うちのにもつがなんにもあれへん
ぼくだけほってひっこししてしもうたんや

ばんにおばあちゃんかえってきた
おじいちゃんもかえってきた
おかあちゃんが
「たかしだけおいとく」
とおばあちゃんにいうてでていったんやって
おかあちゃんがふくしからでたおかね
みんなもっていってしもうた
そやからぼくのきゅうしょくのおかね
はらわれんいうて
おばあちゃんないとった
おじいちゃんもおこっとった

あたらしいおとうちゃん
ぼくきらいやねん
いっこもかわいがってくれへん
おにいちゃんだけケンタッキーへ
つれていって
フライドチキンたべさせるねん
ぼく　つれていってくれへん
ぼく　あかちゃんようあそんだったんやで
だっこもしたった
おんぶもしたったんや
ぼくのかおみたら

じっきにわらうんで
よみせでこうたカウンタックのおもちゃ
みせたらくれいうねん
てにもたしたらくちにいれるねん
あかんいうてとりあげたら
わあーんいうてなくねんで
きのうな
ひるごはんのひゃくえんもうたやつもって
こうべデパートへあるいていったんや
パンかわんと
こうてつジーグのもけいこうてん
おなかすいたけどな
こんどあかちゃんかえってきたら
おもちゃもたしたんねん
てにもってあるかしたろかおもとんねん
ほやかえってけえへんかな
かえってきたらええのにな

　小学校1年生のあおやま君は，とても問題を抱えている子どもだった
と担任の鹿島先生は述べている。おそらく，言葉を書くことも必ずしも
得意でなかったかもしれない。しかし，この詩の文章は実に豊かである。
もちろん，切実な状況が背景にあるわけだが，そうではあっても，それ
を言葉にすることは簡単ではない。

　ここで大切なことは，このつらい事実を聞いてほしい相手がいるとい
うことである。その相手が，鹿島先生なのである。豊かな言葉が生まれ
る背景には，濃密な体験がある。しかし，それを表現する上では，表現
したい対象がいることの意味はとても大きい。鹿島先生は，おそらく子
どもたちと信頼関係をつくってクラスづくりをしてきたのだろう。まさ
に「あのね帳」は，「先生，聞いて」という子どものつぶやきによるも
のであり，受け手の存在の大切さが分かる。

　もちろん，言葉で表現するためには，それなりの語彙や語り方のスキ
ルも必要である。しかしながら，語りたい内容があり，それを聞いてほ
しい相手がいるということが，子どもが豊かに語ることの原動力となる
のであろう。そして，自分の葛藤や困難を他者に表現することは，単に
豊かな言葉を生み出すというだけではなく，それを乗り越える機会とし

て機能している。

　子どもの豊かな言葉が育ち，表現されるようになるためには，そこに関わる大人の存在が大きいということを念頭におくことが求められる。

 第**3**節 **幼稚園教育要領における保育内容「言葉」**

1　保育内容及び領域のとらえ方

　幼稚園教育要領の「第2章ねらい及び内容」の冒頭において，領域のとらえ方が示されている。ここで確認しておこう。以下に抜粋する。

> 　この章に示すねらいは，幼稚園教育において育みたい資質・能力を幼児の生活する姿から捉えたものであり，内容は，ねらいを達成するために指導する事項である。各領域は，これらを幼児の発達の側面から，心身の健康に関する領域「健康」，人との関わりに関する領域「人間関係」，身近な環境との関わりに関する領域「環境」，言葉の獲得に関する領域「言葉」及び感性と表現に関する領域「表現」としてまとめ，示したものである。内容の取扱いは，幼児の発達を踏まえた指導を行うに当たって留意すべき事項である。
> 　各領域に示すねらいは，幼稚園における生活の全体を通じ，幼児が様々な体験を積み重ねる中で相互に関連をもちながら次第に達成に向かうものであること，内容は，幼児が環境に関わって展開する具体的な活動を通して総合的に指導されるものであることに留意しなければならない。

　以上のことから，保育内容及び領域には次のような特徴があることが分かる。

▶ ねらい及び内容で構成されていること

　各領域がねらいと内容で構成されている。ねらいは，幼児教育において，はぐくみたい資質・能力を幼児の生活する姿からとらえたものであり，内容はねらいを達成するために指導する事項である。

▶ 5領域の相互関連性と総合性

　保育内容は5つの領域から示されており，それらの領域は相互関連的であり，具体的な活動を通して，総合的に指導されるものである。つまり，領域別に活動が存在するという考え方ではない。言い換えれば，言葉の指導が独立して行われるものではないという意味である。

2 領域「言葉」のねらい及び内容

　領域「言葉」は，「言葉の獲得に関する領域」であり，それは，「経験したことや考えたことなどを自分なりの言葉で表現し，相手の話す言葉を聞こうとする意欲や態度を育て，言葉に対する感覚や言葉で表現する力を養う」領域である。

　その「ねらい」は，以下の3点が挙げられている。

---

(1)自分の気持ちを言葉で表現する楽しさを味わう。
(2)人の言葉や話などをよく聞き，自分の経験したことや考えたことを話し，伝え合う喜びを味わう。
(3)日常生活に必要な言葉が分かるようになるとともに，絵本や物語などに親しみ，言葉に対する感覚を豊かにし，先生や友達と心を通わせる。

　「ねらい」を達成させるために指導する事項としての「内容」は以下の10項目である。

---

(1)先生や友達の言葉や話に興味や関心をもち，親しみをもって聞いたり，話したりする。
(2)したり，見たり，聞いたり，感じたり，考えたりなどしたことを自分なりに言葉で表現する。
(3)したいこと，してほしいことを言葉で表現したり，分からないことを尋ねたりする。
(4)人の話を注意して聞き，相手に分かるように話す。
(5)生活の中で必要な言葉が分かり，使う。
(6)親しみをもって日常の挨拶をする。
(7)生活の中で言葉の楽しさや美しさに気付く。
(8)いろいろな体験を通じてイメージや言葉を豊かにする。
(9)絵本や物語などに親しみ，興味をもって聞き，想像をする楽しさを味わう。
(10)日常生活の中で，文字などで伝える楽しさを味わう。

3 内容の取扱い —— 領域「言葉」指導のポイント

　幼稚園教育要領では，「内容」の10項目のあと，「内容の取扱い」について記されている。それは，保育内容「言葉」を指導していく上での留意事項である。以下の5項目が記されている。

---

(1)言葉は，身近な人に親しみをもって接し，自分の感情や意志などを伝え，それに相手が応答し，その言葉を聞くことを通して次第に獲得されていくものであることを考慮して，幼児が教師や他の幼児と関わることにより心を動かされるような体験をし，言葉を交わす喜びを味わえるようにすること。

(2)幼児が自分の思いを言葉で伝えるとともに，教師や他の幼児などの話を興味をもって注意して聞くことを通して次第に話を理解することになっていき，言葉による伝え合いができるようにすること。

(3)絵本や物語などで，その内容と自分の経験とを結び付けたり，想像を巡らせたりするなど，楽しみを十分に味わうことによって，次第に豊かなイメージをもち，言葉に対する感覚が養われるようにすること。

(4)幼児が生活の中で，言葉の響きやリズム，新しい言葉や表現などに触れ，これらを使う楽しさを味わえるようにすること。その際，絵本や物語に親しんだり，言葉遊びなどをしたりすることを通して，言葉が豊かになるようにすること。

(5)幼児が日常生活の中で，文字などを使いながら思ったことや考えたことを伝える喜びや楽しさを味わい，文字に対する興味や関心をもつようにすること。

　以上の留意する事項を通して，領域「言葉」を指導していく上でのポイントを整理してみよう。

▶ 保育者が応答すること

　言葉は安心した状況において，豊かに表現される。身近な存在との安心できる関係があって，自分の感情や意志等を話すのである。親や保育者等の身近な大人の存在は特に大きい。そのことは，第2節3項の「あのね帳」に書かれた子どもの詩からもよく分かるであろう。

　幼稚園や保育所等において，見学者として保育室に入ると，最初は見知らぬ大人がやって来て，緊張感をもってこちらを見ている子どもも少なくない。しかし，見学者が楽しく遊んでくれる存在だと分かると，次々と自分のことを話しに来る子どもがいる。自分のお母さんの話をする子，自分の名前や好きな食べ物の話をする子等，自分が知っていることを次々と話してくれる。

　しかも，そこに関わる大人が，子どもの言葉を受け止め，それに応じると，さらに子どもは様々な話をし始める。「どこから来たの？」と聞かれ，「東京から」と答えると，自分はスカイツリータワーをテ

レビで見たことがあることを話す子，自分も新幹線に乗ったことを話す子，さらにはそこから脱線して，自分が好きな電車の話をする子も出てくる。このように，子どもの心に寄り添い，子どもの言葉に丁寧に応答することが，言葉を豊かにしていくことの基盤になっているのである。

なかには，「えーと，うんと，○○ちゃんね，うんと，えーと……」と言葉にすることに時間がかかる子もいるが，自分なりの言葉で話す経験はとても大切であり，その子が話すのをゆっくり聞こうとする姿勢も大切である。

▶ 友達との関わり

集団生活の場において大切な存在は保育者のみならず，そこで一緒に遊んだり，生活する友達の存在である。第1節の事例2の「あのチューリップ，なんか咲いてなぁい？」と言った3歳児のリョーガくんもそうであるが，自分がその友達と楽しさを共有したいために，共通の話題を提供しようと努力している。また，事例3の"しろよ"とかさ，そういう言い方いうとさ，ぼくさ，言いたくなくなんだよね」と言った5歳児のカズトくんもそうである。友達の思いを受け止めつつも，自分の思いを懸命に言葉にしようとしている。

また，子どもはほかの友達が使う言葉を魅力的に感じるため，様々な言葉をまねして使うようになる。そうする中で，語彙も増えていく。もちろん，それは望ましい言葉ばかりではない。2歳児や3歳児から集団生活に入ると，今まで家庭で使ったことのない「うんち」や「おしり」等の言葉も使うようになる。保護者としては，集団生活が悪影響を及ぼしているように思いがちであるが，そうではない。最初は興味をもって使っても，しだいにみんなの前で口に出すことはふさわしくないことも学んでいくので，それも含めて重要な学びなのだと考えられる。

▶ 心を動かすような体験

子どもが言葉で表現する基盤となるのは，保育者や友達等の話したい相手がいることに加え，話したい事柄（内容）があることである。つまり，子どもが話したくなるような，心を動かす豊かな体験があることである。

しかし，必ずしもそれは，大人が考える特別な経験を指すわけでは

ない。子どもにとっては，遊びの中での小さな出来事の中でも心を動かしている。園庭で桜の花びらをたくさんとったこと。散歩に行ったときに，アリの行列を見つけたこと。家族ごっこで赤ちゃん役をやったこと。初めて，空き箱で飛行機をつくったこと等々。園生活を通して主体的に行う遊びや生活の中で行った小さな出来事に，子どもは心を動かしているのである。だから，こうした小さな出来事に保育者が寄り添い，その子の心が動いた感動を聞き取ることが大切なのである。

　もちろん，行事等の特別な出来事もある。園生活は，家庭ではできないような体験も多い。運動会では，みんなで踊りを踊ったり，かけっこをする等，嬉しかったり，悲しかったりするような体験が多い。そうした体験をすべて言葉にするわけではないが，豊かな体験が，言葉の生まれるもととなるのである。だからこそ，小さな出来事も含め，豊かな体験を大切にしたいのである。

▶ 言葉による伝え合いの場があること

　幼児期になると，登園後，子どもたちが自分で選んだ自由な遊びをした後，クラスで集まって，自分が行った遊びの内容や出来事を話し合い，共有する時間をとる園もある。クラスでの話し合いの時間やミーティングの時間ともいわれる。

　保育者が，「○○ちゃんたち，今日，けんかしていたみたいだけど，どうしたの？」と問いかけると，そのけんかの経緯が説明されたり，それに対してほかの子どもが意見を述べたりする。このようなやりとりを通して，「したり，見たり，聞いたり，感じたり，考えたりなどしたことを自分なりに言葉で表現する」経験を重ね，またそれが人の話をじっくりと聞く経験になるほか，自分の見方や考え等を話したり，相手の話で分からないことを聞く等の経験につながるのである。

　また，そうした話し合いは，クラスの集まりの場のみならず，遊びや生活の中でも大切である。たとえば，遊びの中でうまく自分の思いが伝えられずにいる子どもに対して，保育者が声をかけること等が挙げられる。子どもは，保育者から声をかけてもらったり，つらい思いを理解してもらうことによって，自分の思いが支えられ，自分なりの言葉によって相手に伝えられることにつながることも多い。だからこそ，保育者の場面をとらえた言葉がけはとても重要である。

▶ 絵本や物語を通して，言葉の感覚を養うこと

　子どもを様々な児童文化に出合わせることは，言葉の感覚を養う上でとても大切である。絵本や物語を読んでもらったり，自分で読むことを通して，想像をめぐらせる経験のみならず，言葉や物語への興味等につながることは言うまでもない。

　特に，言葉のおもしろさに出合う上で，児童文化の役割は大きい。絵本等でも，おもしろい言葉の言い回し等があると，子どもはその言葉をすぐに覚え，何度も何度も言葉にしたりする。たとえば，絵本『どろぼうがっこう』（かこさとし＝作　偕成社）を読んでもらった子どもたちは，繰り返し出てくる「ぬきあし，さしあし，しのびあし，どろぼうがっこうのえんそくだ」のフレーズを遊びの中でも使ったりするようになる。このようなリズムを楽しむような言葉に出合うことも大切なのである。

　絵本や物語以外にも，言葉のおもしろさを感じるようになってきた時期には，「しりとり」「なぞなぞ」「伝言ゲーム」「早口言葉」「ジェスチャーゲーム」等，言葉を楽しむような言葉遊びの類にも子どもはとても興味をもつようになる。そのような時期にクラスの中で，みんなで楽しむような場をつくることも大切である。

▶ 文字に対する興味や関心

　幼児期は文字に対する興味や関心を育てていくことも必要である。4歳頃から文字への興味がふくらみ始めると，自分なりに文字が読めるようになる子も出てきて，絵本や掲示物，友達の名札等を自分なりに読むようになる姿が見られる。たどり読みといわれ，1文字ずつ読んでいくような読み方が一般的で，単語としては理解できても，文章としてはまだ理解がむずかしいようである。5歳頃になると，文字を自分なりに書く姿も増えてくる。この時期には，自分の名前や友達の名前，あるいはお店屋さんごっこのお店の名前を書く等の姿が見られ，そうした友達の姿にも刺激され，遊びや生活の中で文字を書こうとする姿が広がってくる。

　基本は，子どもの興味や関心を高めていくことが大切である。そのため，これらの時期には，園生活における遊びや生活の中で，文字に出合える環境を用意することが求められる。絵本や物語等のほか，かるた遊びやお手紙ごっこ等，日常の中で，文字のおもしろさに出合うことを通して，興味や関心を引き出していきたい。また，文字を通し

て思ったことや考えたことを伝え合う経験も必要である。ただし，個人差に配慮し，一律にみんなが同じように文字が読め，書けるようになることを求めるのはふさわしくないと考えられる。

① 乳幼児期の子どものおもしろいなと思えるような「言葉」を探そう。できれば，実際の子どもに触れて，おもしろい言葉を拾い上げよう。それがむずかしい場合は，書籍や映画，インターネット等の中の子どもの言葉を探し出そう。

② 領域「言葉」の３つのねらいを挙げ，それぞれについて，そのねらいが達成されるような子どもの具体的な内容を事例で書き出そう（自分が子どもと関わった具体的な場面の事例が望ましいが，他の書籍等から事例を調べて書き出しても構わない）。

参考図書

◎ 今井和子『ことばの中の子どもたち——幼児のことばの世界を探る』童心社，1986 年
◎ 今井和子『表現する楽しさを育てる保育実践——言葉と文字の教育』小学館，2000 年
◎ 鈴木光太郎『ヒトの心はどう進化したのか——狩猟採集生活が生んだもの』ちくま新書，2013 年
◎ Stephanie Feeny, Doris Chritensen, Eva Moravcik, *Who Am I In Lives Of Children?* 7th Edition, published by Pearson Education,Inc.,publishing as Prentice Hall, Copyright 2006, （ステファニー・フィーニィほか『保育学入門——子どもたちと共に生きる保育者』who am I 研究会代表　大場幸夫ほか訳，ミネルヴァ書房，2010 年）
◎ 高杉自子ほか編『新・保育講座　保育内容「言葉」』ミネルヴァ書房，2001 年
◎ 厚生労働省「保育所保育指針解説」2018 年
◎ 文部科学省「幼稚園教育要領解説」2018 年
◎ 内閣府他「幼保連携型認定こども園教育・保育要領解説」2018 年

赤ちゃんからの「言葉」の育ち

子どもが初めて発する言葉は「初語」と呼ばれ，生後10か月から15か月くらいで現れる。しかし，それまでの期間，赤ちゃんとコミュニケーションすることができないかといえば，そんなことはまったくない。赤ちゃんとのやりとりの世界は，生後すぐから始まっており，そのやりとりの世界から「言葉」が生まれてくるのである。「言葉」が獲得されてコミュニケーションができるようになるのではなく，コミュニケーションから言葉が生まれてくる。その言葉の生まれるプロセスと広がりは，大人が一方向で教えるものではなく，子どもと大人のやりとり，共同作業から生まれる。本章ではそのような赤ちゃんからの「言葉」の育ちについて考える。

第1節　コミュニケーションの中に生まれる赤ちゃん

1 やりとりの中に生まれるということ

　ある日，生まれてまだ1週間もたっていない赤ちゃんに会いに行ったときのこと。母親になったばかりの友人は，私とおしゃべりしながらも，窓から光が差し込んで赤ちゃんの顔にあたると，「まぶしいねぇ」と声をかけながら赤ちゃんの眠るベッドの角度を変えた。また，廊下から大きな音が聞こえて赤ちゃんがびくっと動くと，「びっくりしたねぇ」とやはり赤ちゃんの顔をのぞき込みながらやさしく語りかけた。私も一緒に思わず赤ちゃんに「大きな音したねぇ」と声をかけていた。赤ちゃんの周りにいる多くの大人を見ていると，こうしてごく自然に，やわらかな少し高めのゆったりした口調で赤ちゃんに声をかけている。

　赤ちゃんは確かに「まだ話せない infant」存在ではあるが，その赤ちゃんと出会い関わる大人は，自然に言葉を含めたコミュニケーションの世界に赤ちゃんを巻き込んでいる。さらに，そのコミュニケーションに表れる大人の言葉の中には，自然に赤ちゃんの気持ち，心といった内面の世界まで含まれている。

　目覚めたばかりの0か月児に，母親が話しかけている場面の言葉を書き留めているエピソードを見てみよう。

エピソード1 0か月男児への母親の発話[1]

おはようだね，Y（児の名前）くん（児を抱き上げながら）

Yくん，まだ眠たいねぇ

まだ眠たい

もっと寝るの

もっと寝るの

ん？　Yくん，もっと寝るの？

うん，じゃあ，まだ（ミルクは）飲みたくないね（児と見つめ合う）

　このエピソードに現れている「言葉」は，すべて母親が発したものである。しかし，その母親が発している発話内容をよく見てみると，ただ単に母親がYくんに向けて一方向で話しているだけではないことが見えてくる。最初の「おはようだね，Yくん」という言葉は母親からYくんへの挨拶である。けれども，その次に続く「まだ，眠たいねぇ」「まだ眠たい」「もっと寝るの」という言葉をよく考えてみると，「眠い」もしくは「もっと寝たい」のは0歳のYくんであり，この発話は母親が主語ではなく，Yくんが主語，Yくんの気持ちや意図を示しているのである。

　岡本依子は，このような母親の発話の中で，子どもの気持ちや気分，意図等を子どもの視点から発話したものを「代弁」と呼び，詳細な研究を行っている。この代弁の特徴は，「ん？　Yくん，もっと寝るの？」という発話と比べるとよく分かる。もし母親が自分の視点から話すならば，この発話のように「寝るの？」と質問したり，「眠たいね」というように確認したりするかたちをとることになる。一方，代弁と呼ばれる発話は，赤ちゃんであるYくんが語っているかのように，「（ボクは）眠たい」「（ボクは）寝るの」と表現されているのである。

　赤ちゃんと過ごしているときの母親の発話を分析してみると，このように自分自身の視点から発している言葉と，子どもの視点から発せられる言葉である「代弁」とが織り交ぜられている。このような赤ちゃんを取り囲む大人の発話によって，子どもは自ら言葉を発することがなくとも，やりとりする世界に生まれながらに身をおくことになる。

2 赤ちゃんが生まれたときの「言葉」

　ここまでで見てきたように赤ちゃんは自らの「言葉」はもたなくとも，

やりとりの世界の中にいる。そして，赤ちゃんはそこにいて大人からの働きかけを受け止めているだけではなく，さらに，そのやりとりの世界に赤ちゃん自ら働きかけ，関わっていくこともしている。ここではそのことについて見てみよう。

▶ 新生児期

　生まれたばかりの赤ちゃんが自らできる一番大きな働きかけとは何だろうか？　最初に思い浮かぶのは「泣く」ということではないだろうか。赤ちゃんが泣けば，周囲にいる大人は「どうして泣いているのだろう？」と気にかかる。おなかがすいているのだろうか？　おしめがぬれているのだろうか？　そして，その泣いている原因を探しあてようと，赤ちゃんに働き掛ける行動を起こす。そうして，そこにやりとりが生じる。泣くことは，赤ちゃんからのやりとりの始まりになる。

　実は赤ちゃんは，その誕生時から「泣く」だけではなく，そのほかにも，様々な大人への働きかけとなるシグナルをもっている。たとえば，人間の顔に興味を示し長い時間見つめたり，さらに，その見つめている人が舌を出したり，口をとがらせたりすれば，そのまねをする。また，ほかの人の声よりも，母親の声に好んで注意を向けることも分かってきている。

　そのような行為は泣くのと同様に，大人を赤ちゃんに引きつけ，働き掛けるコミュニケーションのきっかけとなる。たとえば赤ちゃんにじっと見つめられたら，大人は見つめ返したり，何かを語りかけ，それに対して赤ちゃんがまた表情を変えたり，身体を動かしたりすれば，さらに大人は働き掛けるだろう。原始反射のような行動，たとえば把握反射のように，赤ちゃんが手に触れた大人の指をギュッと握る行為を示したとき，指を握られた大人は自分に応じてくれた赤ちゃんを見いだし，さらに話しかけたり，気にかけたりするだろう。このように，赤ちゃんも何らかの表現で何かを訴えかけ，大人はそれを受け止め応じる，また赤ちゃんもその行為を受け止めて何らかの行為をとる，というやりとり，すなわち，コミュニケーションの構造が新生児の時期から現れる。無意識のうちに表情や身体のリズムが同調したり，行為のやりとりがなされたりすることによって，コミュニケーションの世界は始まるのである。

▶ 生後２〜３か月のコミュニケーション

　赤ちゃんの発声に焦点をあて，その変化を見てみると，誕生直後か

ら発する声は泣き声のみであったが，2〜3か月になると機嫌のよい
ときに声を出すようになる。泣き声ではないリラックスした声で「くー
くー」と喉で響くため「クーイング」と呼ばれる。さらに，3〜4か
月になると，大人の話しかけに応えるように「あーあー」のような声
が出始める。このときの声には，反復する音節が複数含まれており，
各音節に子音の要素がないことが特徴であり，「過渡的喃語（なんご）」と呼ば
れる。

　このような声が赤ちゃんから出ることによって何が変わってくるだ
ろうか。さらにこの赤ちゃんが2か月の頃には，声が出るだけではな
く，視線が合うようになる，あやすと笑うように社会的な微笑も見ら
れるようになる等，様々な変化も生じてくる。そのような時期に，保
育所に通い始めた赤ちゃんの様子が書き留められているエピソードを
見てみよう。

エピソード2　見つめ合う快感[2]

　生後57日で入園してきたハルカちゃん。1日目は「ここはどこ？」キョ
ロキョロ……「あなたはだれ？」キョロキョロ……といった様子でした。
　ところが入所3日目の朝，ちょうど生後2ヶ月になった日に，突然私
と見つめ合えるようになったのです。私の目を見て「ウグー」と声を出
しニコッ！　と笑ってくれます。それに答えて「ウグー，ハルカちゃん」
と声をかけると，さっきよりトーンの小さい，やさしくやわらかい声で
「ウクーン」と応え，再びニコッ！　と笑ってくれます。もうたまりま
せん。それからというもの，私を見つけては「クーン」と声を出し，ニ
コッ！　と，まるで「笑ってよ，いしちゃん！」というように誘ってく
れます。この笑顔にメロメロに癒される私。見つめられる快感にスター
になった気分です。生まれてきて2ヶ月の赤ちゃんなのに，心を通い合
わせる力を備えているんだと感動しました。

石垣朝子さん（愛知・犬山さくら保育園）

　このエピソードから，赤ちゃんのハルカちゃんと保育者である石垣さ
んの間に「やりとり」が生じ，ハルカちゃんも石垣さんもそのやりとり
を楽しんでいるあたたかな様子が目に浮かぶ。視線が合い，そのタイミ
ングで声を出し，笑顔を見せるハルカちゃんに，石垣さんは同じ音声を
模倣しつつ言葉をかけ，その言葉にハルカちゃんがまた声と笑顔で応え
ている。まさに，おしゃべりを楽しんでいるような場面が現れている。

このように赤ちゃんは，声や表情，足の動き等，全身の動きで関わり，大人はそれに応える。行為は，単に発する，または応じるという一つ一つが独立しているのではなく，応答的にコミュニカティブなやりとりとして現れている。「原会話」とも呼ばれるように，会話のようにやりとりがなされる。そしてまた，赤ちゃんが声を出すことは，孤立的な行為ではなく，赤ちゃんの視線や手の動き等の他の行為と協応している。

　やまだはこのような時期を「うたうコミュニケーション」[3]と呼ぶ。先ほど見たエピソードのように「アーアー」と声でリズムを同調し合う様子，お互いの声の調子をはじめとしたリズムに同調する様子，さらには，原始模倣や共鳴動作，同調的行動が相互的に生じることを指している。

▶ 生後半年頃のコミュニケーション

　4〜6か月になると，赤ちゃんは様々な声を出して遊んでいることがある。この「発声遊び」と呼ばれる現象は，穏やかに過ごしているときに現れ，自らが出せる様々な音を楽しみ，喜び，まさに音と遊んでいるかのようである。

　この時期，赤ちゃんが出すことができる音声を分析すると，世界中の言葉の音素が含まれているといわれ，親の話す言語（母語）の特徴に限らない音を出すことができる。それと共に，そのような多様な音を聞き分けることができることも分かっている。

　さらに，6〜7か月になると各音節が子音プラス母音の構造をもつようになる。たとえば，「ままま」さらに「バブバブ」「あぶぶぶー」といったように音声を組み合わせられるようになるのである。これは「規準喃語（反復喃語）」と呼ばれ，赤ちゃんが自分で発声器官をコントロールできるようになってきていることを示している。

　このように声が多様に出せるようになるには，単に発声器官が成熟することだけではなく，身体運動の発達も関わっていることが指摘されている[4]。たとえば，この時期の赤ちゃんが声を出す様子をビデオに撮り，1秒単位で調べると，声の出るタイミングと手を上下にリズミカルに振る運動とが同期して生じていることが見いだされる。また，このリズミカルな運動は，規準喃語が出てくる時期に頻繁に見られ，その後は消えてしまうことも見いだされた。このような身体運動と同期して発せられる声は，そうではない声よりも一音節あたりの長さが短く，リズムがあることも分かっている。

　規準喃語が現れることに伴って，赤ちゃんと周りの大人とのコミュ

ニケーションはより豊かに変わってくる。こちょこちょくすぐることにより赤ちゃんから声が出て，またその身体感覚も共にしながら笑い合うようなやりとり，歌を歌い，そのリズムに合わせて赤ちゃんも声を出して遊ぶやりとり等，大人と子ども，二者の間で声と身体を通しての対面のやりとりが楽しまれる。そして赤ちゃんのほうから，「もっと」というように相手の行為を促す様子や，期待して待つ様子から，赤ちゃん自身がこのようなやりとりを楽しみ喜んでいる様子がうかがえる。

▶ 8〜12か月頃のコミュニケーション

　二者の対面関係がもととなっていたこれまでのコミュニケーションから，この8か月〜1歳の誕生日を迎える時期には，相手が注意していることに注意を向ける行為が現れる。たとえば「視線追従(ついじゅう)」と呼ばれる，他者が見ているものを見る行為が現れ，さらに「社会的参照」と呼ばれる，新しいものと出合ったときに親しい大人の反応を見る行為が現れる。大人の指差している先を理解し，視線が指示する対象を見ることも，また自らの指差しで，自分の要求・関心の対象へ大人の注意を向けることも生じてくる。さらには，物を渡し，また受け取るようなやりとりが現れ，物を渡そうと手を伸ばす赤ちゃんに，大人が受け取ろうと手を伸ばすと，赤ちゃんが自分の手を引っ込めてしまうような，あたかも相手の意図をからかうような，「くれると思った？あげないよ」といわんばかりのやりとりも現れる。

　このような行為が現れる時期が特に注目されているのは，関わりのある二者が同じ対象に一緒に注意を向ける，「共同注意」と呼ばれる現象がコミュニケーションにおいてはひじょうに重要であるからである。

　指差しを例に考えてみよう。指差しをするとき，それは，指先そのものを見せるのではなく，指を用いて，別の何かを，他の人に示すために行われている。やまだの研究によれば，最初に指差しは少し遠くにある目立つものに驚き，感動したように指し示す行動から始まるという[5]。つまり，木の葉を取ろうとし，欲しいから行う行為ではなく，木の葉を指差し，「あ〜」と声を出しながら，木の葉の茂みをしきりに眺めているような状態である。

　このような指差しに典型的に表れるように，この時期には，他者や物との二項的な関わり，対面的な関わりから，他者の視点を通した物

との関わり，三項関係という広がりをもつことになる。人と人との関係に目覚ましい変化をもたらすものとして，トマセロは，この変化を「9か月革命」[6]。と呼ぶ。なぜ，この共同注意がそれほど大きな意味をもつかといえば，このように他者と別の何かを共有することが，より複雑なコミュニケーションに必要だからである。

　赤ちゃんと大人が，もしばらばらの物を見ていたら，コミュニケーションはなかなか成立せず，広がらないだろう。しかし，見ている物を共有できたとき，コミュニケーションは一気に広がり始める。そのことを考えることのできる，保育所での一場面を見てみよう。

エピソード3 [7]

　保育者が乳児室から出ていこうとすると，たくや（11ヶ月）が，「あっあっ」と声を出してその保育者を呼びました。離れている相手を呼び求める手段として，彼は音声を発することを獲得していたのです。そこで「たくちゃん，なに？」と聞くと「あっ，あっ，あっ」とテラスを指差しました。「わかった。テラスに行きたいのね」と言うとうれしそうにうなずきます。

　自分も外に連れて行ってほしいという要求を指をさし示す行為で表しているのです。

　このエピソードは，たくやくんが声を使って保育者の注意を引いたことから書き留められている。声で呼び，おそらく視線を獲得した後に，「指差し」をすることによって自分の示したい方向にさらに保育者の注意を向けている。そこでたくやくんがさらに「あっ，あっ，あっ」と声もあげ，テラスを示すことによって，保育者はたくやくんのテラスに行きたい訴えを受け止め，きっとこの後たくやくんをテラスに連れて行ったことだろう。言葉にはっきりならなくとも，このように状況とセットで音と動作があれば，かなり複雑なことも伝えられるようになるのがこの時期である。

3 赤ちゃんからの「言葉」の育ちを支える大人の役割

　ここまで赤ちゃんの「言葉」は，赤ちゃん自身の発声といった能力の発達だけではなく，それを受け止め，応じる親しい大人とのやりとりが共にあって育ってくるものであることを見てきた。ここまでに見たこと

から，もう一度，大人がどのように赤ちゃんからの「言葉」の育ちを支えていたのかを振り返ろう。

　赤ちゃんが生まれたときから，養育者は赤ちゃんの動きに寄り添い，気持ちに寄り添い，それらを言葉にしながら日常生活を送っている。この生活を共にすることに，まず言葉の育ちを支える大きな役割がある。やまだによれば，言葉の源は，共同性と情動性を伴ったリズミカルな「うた」であるという[8]。ここで述べられる「うた」は，単に声に出して歌うことだけではない。目と目を合わせるといった目でうたうことも，動きを共にするようなしぐさでうたうことも含まれている。そして，ここでの「うた」は，互いに同じリズムにのる喜び，共にしている喜びがあるとする。つまり，うたう行動は共同行為であり，そして，養育者がリズムやテンポ，強度を少しずつ変えて語りかけ，赤ちゃんも一緒に応える中にコミュニケーションの土台が見られるのである。

　また，大人の子どもへの語りかけ方には特徴があることも示されている。たとえば，本章の冒頭で述べたエピソードを思い出してみよう。「マザリーズ」と呼ばれるように，大人は乳児に語りかけるとき，意識的に，もしくは無意識のうちに，声が高くなり抑揚をつけて話している。また，その後のエピソードに見られるように，「育児語」と呼ばれる特徴もある。幼児に発音しやすい単純な短い音節，何度も繰り返す，呼びかけの名前や感嘆詞，調子の極端な変化が多用される，さらに，文法も省略されたかたちが使われる。つまり，子どもたちの注意を引きやすく，理解しやすいかたちで語りかけられるのである。

　このような語りかけは，決して大人の一方的な働きかけで生まれるものではない。赤ちゃんの存在，赤ちゃん自らの働きかけと共につくり上げられる，やりとりの世界から生まれてくるものである。

 言葉の発達

1 初めての「言葉」

　生後10か月くらいの時期，赤ちゃんは自分の母語に近い音や音のまとまりをより複雑に聞き分け，また自ら発声する言葉も，母語にあるものが中心となっていく。そして個人差が大きいが，この生後10か月〜1歳半くらいの時期に，初めて意味のある言葉が現れる。その言葉を「初

語」といい，「まんま」「まま」「わんわん」「ブーブー」等，きっと多く
の人が親に尋ねると，その言葉が思い出されるくらい印象的な出来事で
ある。それは「言葉」としてはっきりと共有され，意識される，親にとっ
て成長が見える嬉しい瞬間であるからであろう。

　初語は，最初意味をもたない喃語から始まる。ある女の子[9]は7か
月くらいから「ニャンニャン」「ニャーン」という喃語を，心地よい状
態のときに発声していた。やがて8か月になると，それは珍しいものや
嬉しいものを見つけて喜んで発する音になっていた。さらに，9か月に
は「ニャンニャン」という発声の対象が特定化した。彼女は，桃太郎絵
本の白犬とスピッツ犬を示す音として，すなわち，まさに「犬」という
「ことば」として「ニャンニャン」を使用し始めたのである。

　彼女はこの後9〜12か月の頃には，スピッツはもちろん，それ以外
の犬，猫，トラ，ライオン，シロクマも「ニャンニャン」と呼び，さら
に白毛のパフ，白い毛糸，白い毛布，白い壁，白毛のついた靴も「ニャ
ンニャン」と呼び，また黒いひものふさも「ニャンニャン」と呼んでいる。
このように，多様なものを一つの言葉で表現することを「過剰般化」と
呼ぶ。この「ニャンニャン」の使われ方は一見不思議に思えるかもしれ
ない。けれども，何を指してそう呼んでいるかをよく見てみると，四足
の動物，白いもの，ふわふわしたものといった共通するカテゴリーを見
いだすことができる。この女の子が，ある音声で世界をとらえていく，
カテゴリーにまとめていく様子が見てとれるのである。

　言葉はものを意味づけると同時に，どのようにその意味の区切りをつ
くるかということをも示している。このように，ある音を様々に使って
いく（たとえば，一時期，黒白ブチの犬を指して「クロニャンニャン」と言ったり，
白毛の靴を指して「ニャンニャンクック」と言ったりしている）中で，最終的に
犬を指すのは「ワンワン」という言葉になっていく。

　さて，この女の子のプロセスを見ても分かるように，いわゆる言葉に
なり始めた時期の言葉には，ひじょうに様々な意味が込められている。
その例を保育所でのエピソードから見てみよう。

エピソード4 [10]

　あきお（1歳8か月）が，保育園のテラスの棚から，道路を走る自動車
を見ていました。しばらくして急に大きな声で「ブーブ！　ブーブ」と
叫びました。保育者は，あきおの指さす車を見て「ほんと，あきおくん
のパパと同じブーブ見つけたのね」と答えると彼はうれしそうに首をこ

くんこくんと振ってうなずきました。

　ともふみ（1歳半）は，自動車がとおるたびに「ブーブ，ブーブ」と指さします。保育者は，「また，ブーブが来たの，よく自動車が来るのね」と彼の言い表したい思いをくみとってやりとりしていました。

　同じ「ブーブ」という言葉であっても，表現したい事柄や意味は異なる。あきおくんは，様々な車の中から父親と同じ車を見つけたときに「ブーブ！　ブーブ」と叫び，そのことを保育者はちゃんと理解して，「パパと同じブーブ見つけたのね」と応えている。一方，ともふみくんは自動車が通るたびに指差すからこそ「また，ブーブが来たの，よく自動車が来るのね」と応えている。どんな状況で子どもがその言葉を発しているかを受け止めているからこそ，多義的な意味を読み取ることが可能なのである。そして，保育者が，このように子どもたちとのふだんのやりとりの世界を豊かにしているからこそ，言葉は育っていく。

　もう一つ，保育所でのエピソードを見てみよう。

エピソード5 「ピカピカ」の響き合い[11]

　お弁当の日，だいごくんがお弁当にはいっていたおかずのカップの2つのうち1つが空になったのを指差して「ピカピカ！」と何度もアピール。保育者が「ほんまやなあー，ピカピカやなー」と応えていると，隣のしゅんたろうくんも自分のおかずカップを「ピカピカ」と見せに来ます。おかずカップだけでなく空のお弁当箱も指さして「ピカピカ」と何度も何度も，だいごくんに負けずに大声でいいます。しゅんたろうくんは自分の口も開けて"食べたよ"って感じで保育者に見せようとしていました。それをみていたまさひろくんは大急ぎで自分のおかずカップの卵焼きを外に出して，空のカップを示して「ピカピカ！」とこれまた大声で見せようとします。3人ともすごく得意げでうれしそう。保育者も「ピカピカやなあー」「こっちもピカピカにしようか」と残りのおかずやご飯をすすめると，パクパクと勢いよく食べていました。

　このエピソードは，1歳児クラスも終盤の2月半ばに，11月生まれから3月生まれの子どもたちの間で見られた記録とのことである。ここには，子どもたちと保育者の楽しい雰囲気がよく表れるとともに，言葉の世界が広がる様子がよく分かる。だいごくんが使った「ピカピカ」という言葉を，しゅんたろうくんも，まさひろくんも次々，わざと食べ終

わった，もしくは飲み終わった空っぽの容器の状態をつくり出した上で使っているのは，単なる模倣だけではないだろう。そこには，きっと保育者に「ピカピカ」に食べたことを認めてもらえる関係，友達と同じ，一緒であることの楽しさ，自分も負けずにできることの誇らしさ等，様々な思いが重なって「ピカピカ」という言葉が表れているようでほほ笑ましい。保育者もまたその思いに応えていく。一つの言葉に様々な思い，意味が重ねられ，共に使うことで，他者とのコミュニケーションの響き合いの中，言葉が育っていくのである。

2「言葉」が増える，表現が広がる

　子どもの言葉の獲得と大人の言葉の獲得の違いでよく言われるのは，語彙獲得も表現の広がりも，子どもと大人では同じようなペースで進まないことである。こんな話を耳にしたことがあるだろう。新米の父親が新たな外国語を身につけるため，生まれてきた赤ちゃんと同じペースでがんばろうと決心した。最初の1年は，赤ちゃんにほとんど意味のある言葉はなく余裕であった。1歳を迎える頃も，「まんま」に当たる一言だけで済んで，まったく余裕であった。ところが，1歳後半になると，あっという間に語彙が多様になり，父親はついていけなくなってしまった……。

　このように赤ちゃんの言葉は急に増えていく時期があり，「ボキャブラリースパート」「語彙爆発」と呼ばれる。そのスピードはまさに急激で，1日で10数語も言えるようになるともいわれている。そのようなエピソードを次に示そう。

■エピソード6■ 早くおしゃべりしないかな！[12]

　娘のハルナの昔の記録を読み返すと，ちょうど1歳の誕生日を過ぎたあたりから1歳3か月ごろまでのあいだ，「今にもしゃべりそうなハルナ」「本当に，もうしゃべりそう！」「本当に，今にもペラペラとしゃべり出しそうなハルナ」等と何度も出てきます。娘のおしゃべりをまだまだかと待っているじれったさが思い出されます。そのころ娘は，食べ物を見たり，私がキッチンに立つと「まんま，まんま」と言ったり，夫や私，他の誰でも「あーちゃ」と呼んだりする程度でした。しかし，ごきげんがいいと，ひとりで「あだじゃだじゃじゃ……ねぇ〜」等宇宙語のようなことばを話していたのです。それで，当時の私はもうすぐ話し

出すだろうと感じていたのですが，実際には，そう簡単にことばは増え
ず，数か月じれったい思いを抱えたのでした。

　変化がみえはじめたのは，1歳6か月ごろでした。「おいちぃ（おい
しい）」「あんまんまん（あんぱんまん）」「（何かをみつけて）あった」「（数字
の）いち，にっ，ごぅ」「（指さししながら）あっち」「ポー（モゥ，牛）」等，
さらに1歳7か月には，「ワンワン」「（写真の自分を指して）ハルナ」「カ
ンパイ」「おん（本）」「アイ（アイアイ，サル）」「じーじ」「ばーば」「おあじー（お
んなじ）」「あっこ（抱っこ）」「おあーちゃ（お母さん）」「おとーちゃ（お父
さん）」「せぇんせえ（先生）」「ねんね」「めっ（叱るとき）」「にゃんにゃん」「おっ
とん（お布団）」等々…意味がわかったうえで発話できることばが一気に
増えたのです。あまりに勢いよく増えるので，記録しきれなくなったほ
どです。

　このような語彙の獲得を支えるメカニズムは，どのようなものだろう
か。そもそも語彙を獲得するということは，ある物やことを指して，あ
る一定の音を使えるということである。物やことをその音で呼ばなくて
はならない，ということは言葉を獲得した私たちにとっては当たり前で
あるが，実はその結びつきは恣意的であり，当たり前ではない。つまり，
語彙を獲得するということは，物すべてに名前があることを発見するこ
と，周囲の事物をグループ分けできるようになったということ等，様々
な認知の働きとも連動していると考えられる。

　この言葉の獲得のむずかしさを，クワインは「ギャバガイ問題」[13]と
して示している。つまり，もし私たちが言葉を知らない土地へ行って，
その土地の人がウサギを指差して「ギャバガイ」と言ったとしたら，そ
の意味がどのように分かるだろうか？　多分「ウサギ」という言葉だろ
うと推測はできる。しかし，よく考えてみると，ウサギの毛の色を指し
ているかもしれないし，ウサギが走っている状態を指しているかもしれ
ないし，ウサギの耳を指しているかも……と無限の可能性がある。それ
を確かめるには，たとえば，ほかの色のウサギを指して「ギャバガイ？」
と尋ね，合っているかまちがっているか一つずつ確認するしかない。今
井・針生は，このギャバガイ問題が，言語獲得において子どもが日常的
に出合う場面だとしている。

　　　たとえば，子どもが新しい語と出会う場面とは，「ほら，ミルク」
　　　と言ってカップに入ったミルクが差し出される場面のようなものだ

> ろう。この場合, 'ミルク' の意味を知らなければ, この状況から
> この音声が指示しているのは, カップそのもののことなのか, それ
> とも, そのカップを製作したどこか著名な窯元の名前なのか, 〈な
> めらかな〉とか〈白い〉のようなカップの属性を指しているのか,
> 中身の液体をさしているのか, はては, 〈飲みなさい〉といったこ
> となのかは決めようがない[14]。

　けれども, 子どもが一つずつの可能性の仮説を立て, しらみつぶしに
確認を積み重ねているとしたら, 子どもがまちがったやり方で語を使っ
ている場面に頻繁に出合うはずである。しかし, 子どもは新しい語を一
度耳にすると, 次からは自分でもそれを正しく使っていくことも少なく
ない。まちがったやり方で用いるのは5％というデータもある。この
状況を, 今井らは「即時マッピング」ができていると説明する。

　つまり, 子どもは, 語の意味になりそうなのはどのような概念かにつ
いて, 一種の「思い込み」をもって言葉の学習に臨む。語の意味として
は, その「思い込み」に合致したものを最優先として考えるやり方であ
る。ここで働く思い込み, 想定を「制約」と呼ぶ。現在, この語の意味
をうまく取り入れるときに働いている制約には, 下記のものが見いださ
れている。

▶ 事物全体バイアス

　子どもは物（物体）につけられた名前を, 色や素材（属性）ではなく,
事物全体の名前と考える。

▶ 事物カテゴリーバイアス

　子どもは未知の語を聞くと, それは固有名詞ではなくカテゴリー名
だと考える。

▶ 形バイアス

　語は形が似ているものに汎用すべきと考える。

▶ 相互排他性バイアス

　子どもは, 物の名前（カテゴリー名）はただ一つと想定している。
たとえば, 名前をすでに知っている物と知らない物がある, という実
験としての状況で, 子どもたちは,「ヘクを取ってきて」と意味のな

い言葉で依頼されると，自分が名前を知らないほうを取ってくる。

　このような制約がうまく働くことも重なり，やがて，言葉は語彙数でいえば，6歳までに15,000語，12歳までに40,000語と増えていく。さらに，この語彙が増えるプロセスと共に，語彙をどのように組み立てるか，文法の力も育っていく。

　先ほどの，赤ちゃんと共に新しい外国語を覚えようとした新米の父親を思い出してみよう。最初は一語を覚えればよく，余裕であった父親だが，その後，我が子の言葉の発達についていけなくなった。ついていけなくなった理由には，この時期の子どもたちに，このような即時マッピングが働いていることが挙げられる。また，父親が余裕であった一語の時期に，実は子どもたちはその一言で実に様々なことを伝えることを試みていたことが，父親がついていけなくなった理由であるように思える。

　たとえば「まんま」という一つの言葉で，子どもはどんな意味を伝えているだろうか。空っぽのおちゃわんを前にして「まんま」と言えば，「まんまがほしい」が伝わるだろう。食卓に並んだごはんを指差し大人の顔と見比べながら「まんま」と言えば，「まんまがあるよ」を伝えることになるだろう。この時期の言葉を，一語文と呼ぶように，一語で様々なことを伝えているのである。また，そのように一語で様々な意味が伝わるには，それまでにつくられた関係性，それに基づいて伝わる身振り等が大きく関わっている。子どもたちの語彙の発達は，子どもの中にあるメカニズムが周りとの豊かな関わりと出合うことによって，想像以上のスピードで現れてくるととらえることができる。

　さらに，1歳後半頃からは，二語文（二語発話），2歳頃からは，多語文（多語発話，三語以上の複数の語をつなげる）も現れ，言葉を組み立てるようになる。この文の組み立てにも，子どもなりのルールが関わっている現象が見られる。たとえば，子どもが「きれいくない」と表現することがある。このとき，子どもたちは何を表現しようとしているのだろう。きれい，ではないことを表現しようとしたとき，すでに使っていた「かわいくない」が「かわいい」＋「くない」であるというルールを使い，「きれいくない」と言っているのではないだろうか。このように子どもたちなりに言葉の体系である文法を用い使いながら，表現を広げていくことも見られるようになる。

　人との関わりから生まれてくる言葉は，その関わりに支えられて，語彙も表現も広がっていく。そのとき重要なのは，何より周りの人たちと

のやりとりの世界であるが，そのやりとりにおいて，子どもの側で働く
メカニズムも共に働くことを，この節では見てきた。そして，人との関
わりの中から生まれてくる言葉を使うことで，さらに他者とやりとりの
世界が広がりつつ，言葉は考える道具としても広がりを見せることにな
る。次の節ではそのようなやりとりを通し，考える道具としての言葉の
様相を見ていこう。

第3節 共に考える「言葉」の育ち

1 やりとりする気持ちの共有から広がる言葉

　赤ちゃんの時期はピアジェが「感覚運動期」と呼んだように，感覚で
世界を知る。しかし，表象が生まれる頃，言葉もまた始まる。感覚とい
う直接的に経験する世界から，積み木を車に見立てたり，小さな石を飴
に見立てたりして遊ぶことが始まる。表象の世界に入ることから言葉へ
移行するには，もう一つ異なることが始まっている。つまり，積み木を
車に見立てるとき，そこには形が似ているという手がかりがあるが，言
葉にすることにはそのような関連性は見られない。犬をイヌと呼ぶこと
に，犬そのものと「イヌ」という音には，何らの関係もないのである（鳴
き声を用いてワンワンと呼ぶときには，まだ手がかりがあるが，この問題はおいて
おく）。つまり，言葉を使うことが始まるときとは，様々な直接には見
えない抽象の世界，考え，認識が広がる世界が始まるときともいえる。
ただ，そのような抽象の世界もまた，直接の声と体験の共有の土台を通
して赤ちゃんに伝わり言葉になる，と浜田は指摘している[15]。言葉のや
りとりを子ども同士でする場面を見ながら，そのことを考えてみたい。

エピソード7 「なお，あかちゃんのとき，もってたの」[16]
　　　　　　（2歳児クラス　6月4日）

　なおがフォークを持っている手を胸の高さに持ち上げて，「なおちゃ
ん，あかちゃんのとき，もってたの」と言った。するとあいが「あいも，
あかちゃんのとき，もってたの」と言い，みおも「みおも，あかちゃん
のとき，もってたの」と言った。皆，少し得意げな表情をしている。再び，
なおが「なおも，あかちゃんのとき，もってたの」と言い，あい，みお
と続いた。そこへ，ちえが「ちえも，もってたの」と首をひねりながら

言い，ゆみなが「ゆみなもね」と言って，両手を頭の上に載せて，首を左右に傾けて，近くで見ていた私の方を振り向き，おちゃらけたように笑った。それぞれに笑って，満足そうに食事を続けた。

　ここで示されている会話には，目の前にあるフォークを媒介しながらも，自分がそれを赤ちゃんのときも持っていた，ということを表現している姿がある。そこに，言葉によって「現在ではないこと」を表現し始めていることや，子どもたちなりの記憶の力，目の前にないことの表現の始まりを見ることができる。

　そして，興味深いのは，この言葉による表現が子ども同士の間で伝染するかのように広まっていることである。ひょっとしたら初めて出合った「もってたの」という表現，未知の言葉の響きを楽しんでいるように見え，さらに新たなことを表せる言葉を，一緒に使うことを楽しんでいるかのようにも見える。見えないことを言葉にし，共有する世界に，やりとりそのものを楽しみながら，認識の世界をも広げる様子を見てとることができる。

　もっと大きくなっている子どもたちを，次の幼稚園での場面で見てみよう。

■エピソード8 見えない世界を共にする[17]
（3年保育幼稚園　4歳児クラス3月）

　保育室の積み木やおままごとセットがある一隅で男の子が5名ほど遊んでいる。それぞれ電車をつなげて遊んだり，ごはんをつくったりしているが，積み木でつくられた一隅は，みんなで船に乗っているつもりもあるようである。

　タカが積み木を棚の上に置き「もっと下へいけ，もっと下へ行け，さかながいるぞ」①と叫ぶが，誰もその言葉には応じた様子を見せない。するとタカは，さらに「あみをおろせ，はやくあみをおろせ，さかながとれるぞ」②と言葉を繰り返す。

　その言葉に，ヨウとヒカルが振り返る。しかし，じっとタカの様子を見ているだけである。すると，さらにタカは「さかなが上にあがってきたぞ」③と叫ぶ。

（しばらく間があく）

　ヒカルがタカほど叫ぶ口調ではないが「さかなが上にあがってきたぞ」④と言う。するとヨウが「さ，さかなつるのか」⑤と応じ，タカが力強

く「そう」と応える。

　そこでヨウが「あみを…やぁ…えさ，いっちょう…<u>さかな，いっぱい</u><u>つれた</u>」⑥と言いながら，積み木でつくられた領域の端で，魚の網を投げるふりをしている。タカはその様子を見ながら，レーダーにしているらしい積み木を眺めつつ<u>「さかなのむれ，うごいた。ほうこうてんかんだ」</u>⑦と叫ぶが，すぐにはヨウとヒカルは動かない。するとタカは<u>「さかな，ちかづいてきているから，ほうこうてんかんしろ」</u>⑧と叫ぶ。

　そこでヨウとヒカルは少し離れたキッチンセットの場所へと移動し，運転台を操作しているふりを始める。ヨウは<u>「さかなのむれ，下におり</u><u>てきてるからな～」</u>⑨と言いながら操作をしている。ヒカルは，タカに近づきタカの隣に座り（レーダーに見立てられている）積み木をのぞき込む。ヨウもまた，その様子を見てヒカルとタカに近づき，のぞき込む。

　タカはレーダーに見立てた積み木を指差しながら「もっと下へいけ，もっと下へ行け，<u>さかながいるぞ」</u>⑩と言っている。3人で積み木を真剣にのぞき込みながら，タカが<u>「さかなが上にあがってきたぞ」</u>⑪と繰り返し，ヒカルもまた<u>「さかなが上にあがってきたぞ」</u>⑫と繰り返す。

　ごっこ遊びの会話もまた，目の前に「見えない」ことを表現し共有しながら楽しむ世界である。最初タカが<u>「さかながいるぞ」</u>①と言ったとき，周りの子どもたちは，きょとんとしていた。しかし，さらにタカが<u>「さ</u><u>かながとれるぞ」</u>②，<u>「さかなが上にあがってきたぞ」</u>③と言葉を重ねていったとき，さかなというイメージがようやく伝わり始めたのか，ヒカルが<u>「さかなが上にあがってきたぞ」</u>④とタカの言葉を繰り返し，ヨウが<u>「さ，さかなつるのか」</u>⑤と受ける。4歳児クラスの遊びにおいても，見えない世界を共有するには，先ほどの2歳児クラスの子どもたちと同じように言葉の繰り返しが使われている。

　その後，遊びは，さかなという言葉の繰り返しが続く中（下線部⑥から⑫），魚をつるという行為，船を操縦する行為も重ねられることによって，よりイメージが豊かになっていく。そして，タカが最初に<u>「さかな</u><u>がいるぞ」</u>①と叫んだとき見ていた積み木を，このイメージに参加した3人が並んでのぞき込み，あたかも魚群を探知するレーダーがそこに出現したように見える，このエピソードの最後につながっていく。

　イメージを共有する，理解し合うには，お互いの頭の中に浮かんでいることを共通にする作業が必要であると感じるかもしれない。しかし，ここで見てきた2つのエピソードを振り返るとき，決して単に一人の子

どものあらかじめもっていたイメージや，考えが共有されていったわけ
ではないようにとらえられる。むしろ，一人の子どもの「もってたの」
や「さかながいるぞ」という言葉は，周りの子どもたちに受け止められ，
その言葉が含まれたやりとりが重ねられることをもって，共にする世界
が生まれ，そこに新しい言葉，新しい世界がつくられていくようにも見
える。つまり，やりとり，対話の世界が新たなイメージや考えを深めて
いくことにつながる可能性を見てとることができる。

　次に，そのような「考える」ということを検討してみよう。

2 考える言葉，自分をとらえる言葉

　言葉は「考える」機能をも担っている。この「考える」ということは，
つい個人の能力が発達することによってできることのように受け止めら
れることが多い。けれども，実はこのような考える機能もまた，他者と
のやりとり，社会的な局面から現れてくることが指摘されている。

　人の考える機能を言葉との関係で示したのはヴィゴツキーであるが，
そのヴィゴツキー理論の概要を述べた小論[18]の中で，高木は次のよう
な例を挙げる。

> 　幼い子どもが自宅でおもちゃを探している場面を想像してみよ
> う。子どもは，思いついた場所を手当たりしだいに探しているため，
> なかなかおもちゃをみつけだすことができない。これをみていた大
> 人が子どもに「さっきまでどこで遊んでいたの？」と質問する。子
> どもは「お庭」と答え，大人は「じゃあ，お庭にあるかもしれない
> ね」と応答する。その直後，子どもは庭に出ておもちゃを発見する。

　この場面において，子どもは自分が探しているおもちゃで遊んでいた
場面を覚えている。けれども，そのおもちゃで遊びたいと思い探し始め
たとき，その記憶を利用していない。このとき，大人は「さっきまでど
こで遊んでいたの」と尋ねることによって，探すための手がかりを示し
ている。尋ねられたことによって子どもは，その言葉を手がかりに，自
らの記憶に思い至り，実際に探しあてることができている。このように
考えるといった高次精神機能は，分かちもたれる「分業」のかたちで成
立していることを，ヴィゴツキーは「精神間カテゴリー」，精神機能の「社
会的局面」としている。さらに高木の挙げている例を続けよう。

このような知的行為の「分業」を経験した子どもは，やがて大人によって与えられてきた言語的な方向づけを自分自身で行うようになる。おもちゃがみつからなくなったとき「さっきまでどこで遊んでいたかな？」と自分に語りかけるようになるのである。

　つまり，考えるという行為は，他者とのやりとり・対話によって始まり，やがて自分の中の対話として，より深まっていくのである。

　言葉が増え始めた頃，子どもたちからはしきりに「コエっ？」「何？」「コレ，何？」という言葉が聞かれ，その時期は「第一質問期」と呼ばれる。絵本の中に，自分のよく知っているものを見つけて盛んに質問したり，知っているものであっても質問したりする。そこから始まるやりとりは，子どもとの気持ちを共有するものであり，対話者からは代弁等の表現がなされるだろう。そうする中で，関わりはより深まるとともに，子どもたちの認識の世界は広がりを見せる。

　さらに3歳頃には，外界の意味やものごとについての因果関係にも言及がなされる。たとえば，「なんで夜は暗くなるの？」「きょうは，お天気なのにどうしてお散歩いかないの？」等，ここからは，ものごとの原因をとらえようとする対話につながる。3〜4歳頃しきりに聞かれる「どうして？」「なぜ？」もまた，対話の中で外界の意味や自分の行動の意味の理解を深めていくものになるだろう。

　そのような中で，自分をとらえる，ということにも言葉が関わるようになる。それと同時に，自分をコントロールする言葉，言葉が行動のブレーキとなる，こんな場面も見かけるようになる。

エピソード9 [19)]

　りょう（3歳）は，保育園の帰り，スーパーマーケットの前で大好きな食べ物を「買って，買って！」と求めました。母親が「家に帰ったらすぐ夕ごはんにするから，がまんして」と訴えると舗道に寝ころがって泣きわめきましたが，いくら泣いても母親が買ってくれないと分かると，やがて自分で起きあがり「もうかえる」と気分を変え帰宅しました。このスーパーマーケットの前を通るたびに，りょうは毎日，なんと3週間も続けて訴えたのですが，いつからか「けちんぼ母ちゃん，けちんぼ母ちゃん！」と言えるようになると，泣きわめくことはせず，母親のお尻をたたいて訴えるだけで通りぬけられるようになったそうです。

　自分の気持ちを言葉で表現することができるようになった頃，こうして言葉にすることで，自分の気持ちと行動のコントロールが自ら試みられることも，ひじょうに興味深いことである。

3 他者と関わり，考える言葉

　保育の場では，大勢の子どもたちが過ごし，その子ども同士で遊びを広げ，アイディアを深めるコミュニケーションを見ることができる。そのような子ども同士のやりとりは，大人とのコミュニケーションとは異なり，思いや理解がすれ違い，ときには激しい感情のぶつかり合いが見られることもある。

エピソード10 　遊びを相談する[20]
（3年保育幼稚園年中児）

　しばらく「おかあさんごっこ」をしていた女児5名は，違う遊びに変えようと話が展開している。「赤ちゃんごっこ」「ねこちゃんごっこ」という二つの提案があったところで，次のような会話が続いた。

Ａ：じゃあ，どちらにしようかなで……。

Ｂ：やだ，赤ちゃんごっこ。

Ａ：だあーってＢちゃん，きまるきまる。

Ａ：（節をつけて）どちらにしようかな，てんのかみさまのゆうとおり。

Ａ：やった，ねこちゃんごっこだあ。じゃあ，ねこちゃんごっこにきまり。

Ｃ：Ｃ，ねこちゃんごっこ，だいっきらいだもの。

Ａ：だいっきらい？

Ｂ：いいよ，さんにんだけでやるから。

Ａ：じゃあ，さんにんだけでやるから，Ｃちゃん，赤ちゃんごっこ，好きなようにやって？

Ｃ：そういうんだったら，Ａちゃん泣いてもいいよ。

Ａ：Ａ，泣き虫じゃないもん。

Ｃ：Ｃ，ひとりでやってもいいよ。だってＡちゃん。いつも泣いているばっかりじゃない？

Ａ：さんにんで，やだったら，がまんしてやらなきゃ。きまっちゃったんだから。

Ｃ：やだもん。

Ｂ：それだったら，ひとりで，赤ちゃんごっこやったらいいじゃない？

C：ひとりなんか，つまらないとおもわないの？　みんなは。

A：じゃあ，きいろ（注：この子たちの所属するクラスの名前）のちがうお
　　ともだちとね，なかよくやったらいいじゃないの？

B：(Aの発話と同時に）ちがうお友だちとやればいいじゃないの？

C：ちがうおともだちなんて，もう始めてるから，かえてくれないよ。

A：Gちゃんとか，いるじゃない？

C：Gちゃんは，Hちゃんとあそんでいるかもよ。

（みんな：一斉に室内を見わたす）

B：そんなら，い〜れ〜て♪って言えば？

C：違うごっこしてるかもよ。

B：そんなら，いっしょにあそぼって言えば？

C：それでも，ねこちゃんごっこはいやだもおん♪て言われたらどうす
　　んのよ？

（A：Bを見る）

B：Cちゃんひとりで，赤ちゃんごっこしようって言ったらいいじゃな
　　い。Bたちは適当に遊ぶんだから。

A：適当にあそんでるもんね（Bを見ながら言う）。

B：だって，Bたち，ねこちゃんごっこがいいんだもんね。

A：Aたちも，ねこちゃんごっこがいいんだもんね。Bちゃんだって，
　　Dちゃんだって。きまっちゃったんだよ，だって。

C：だって，Aちゃんみたいな，ちびっこ，だいっきらいなんだもん。

B：そんなら，あそばなければいいじゃないか？

　この遊びを相談する会話において，お互いが何をして遊びたいかとい
う思いや考えは，それぞれしっかり分かっている。相手が何をしたいか
分からなくて混乱しているわけではない。むしろ，よく相手の意図が分
かっているからこそ，何とか相手の気持ちを変えようと試みようとして
いる，遊びを決める中での意図の調整のあり方を見ることができる。

　Bの提案のほうが，支持する人数の多さや，Aのとった「どちらにし
ようかな」という手段によって決まったかのような状況にあるのだが，
Cはそれを受け入れない。そして，Cは自分の提案が受け入れられない
ために，このメンバーから去るのではなく，その遊びは自分はいやだし，
ほかの子とも遊べないということを必死に交渉している。しばらく，C
の「一緒に遊ぼう」「でもその遊びはいや」という主張と，BやAのそ
れに対する言葉の応酬が続いている。そこには，泣いてもいいよ，がま

んして，といった気持ちへの言及，違うお友達はもうほかの遊びをしているか分からない等，彼女たちのとらえる関係性が様々に浮き彫りになっている。また，このような真剣な対話が日常にあるからこそ，相手の思いに気付き，調整しながら，共に過ごすことがより深まっていくようにとらえられる。

　このエピソードの続きが気になるかもしれない。この後，一人が猫の振りで「にゃあ」と言い，Cが「あら，ねこちゃん」と気付いたところから，C以外が猫になって，Cが飼い主になるという遊びが始まっていた。言葉でこれだけ激しいやりとりをした後に，一緒に遊ぶことが，ちょっとした振りをするところから動き出すこともまた，この時期のコミュニケーションとして興味深い。

　次に，日常のやりとりから新たなアイディアが生まれてくる様子を見てみよう。

【エピソード11】 新しいアイディアを考えるプロセス [21)]
（保育所3〜5歳の混合クラス）

　朝，保育室に入ってきて，Hちゃん（5歳女児）が，部屋の紐につるされていた紙の中の1枚を指差し，先生にとってほしいと頼んでいる。先生は「この続きやるの？」と言いながら，その紙をHちゃんに渡し，マジックも用意しながら，Hちゃんと同じテーブルにつく。

　Hちゃんと先生が見ている紙は，その園ではウェブと呼ばれているもので丸に囲まれたキーワードが線でつながれている。真ん中に「よるのひかりのせかいごっこ」と書かれ，そこから下へ「いるみねいしょん」の線がつながっている。また「よるのひかりのせかいごっこ」の上には「まんげきょう」と書かれ，さらにその上には「もよう」とつながっている。今後に予定されている活動でどんなことをしたいかを先週，別の子が考えをこのウェブのかたちにしており，その続きを今朝は彼女が考え始めたようである。

　Hちゃんは「よるのひかりのせかいごっこ」から線を出して「よる」，さらにそこから「きもだめし」，「よるのたんけん」とつなげた。さらには「もよう」のところから「おはなばたけ」さらに「おべんとう」，「じぶんたちでつくる」とつなげていった。

　彼女自身が考え書き加えていっていたのだが，このプロセスを一緒にテーブルについて見守る先生も，つなげていくとき，「もようってどんなもようだろうね？」「おべんとうってどんなの？」と，アイディアが

つながっていくように会話を投げかけている。

　さらに，彼女がアイディアを文字というかたちにしたところで，この文字のところに「字をよめないひとにわかるようにしたら？」と先生が提案する。彼女は，この先生の言葉に応じて，絵を書き加え始めた。先生は他の活動のところに移動した。

　彼女は，「おはなばたけ」の横にお花を描き，「きもだめし」の横におばけを描いた後，「もよう」と書いてあるところで手が止まる。そして，そのとき近くにいた先生に「もようってどうかいたらいいの？」と尋ねる。先生は「ともだちにきいてみたら？」と返し，彼女は，近くを通りかかった友達とも相談し，模様の絵を描いていった。ひととおり，自分の書いた字のところに絵を描き終わると，彼女は先生にこの紙を渡し，もとの場所につるしてもらって，この活動はいったんおしまいになった。

　保育の中で次に何をしようか，という少し長期的なプランを考えている一場面である。このエピソードでは，一緒に考えるとき，新たなアイディアをかたちにしていくときの道具立てに注目することができる。これまで見てきたように，まず，保育者との対話が，考えを深めるために必要なこととらえることができる。Ｈちゃんのアイディアは，先生と対話したり，さらにそこから，仲間と対話することで生まれてきている。しかし，それだけではない。ここでは，文字，絵といった「書く」世界によって，アイディアが視覚化されることもまた深く関わっていることを見てとることができる。幼児期の後半，子どもたちは，読んだり書いたりする「２次的ことば」の世界に，こうして日常の中で入っていくのである。このエピソードの続きを見てみよう。

エピソード12　クラスで一緒に考える[22]（保育所３〜５歳の混合クラス）

　その後のお集まりの時間の話の１つに，先生はクラスの子どもたちに，先ほど（エピソード11）Ｈちゃんが書き加えたこのウェブも取り上げた，先生は，紙を手にもちつつ，「先週Ｏくんかいたの，今日続きをＨちゃんがかんがえたのね」とＨちゃんを呼んで，描いていたＨちゃんは先生の横に立つ。

先生：これはなんですか？

Ｈ　：おばけ。Ｈくんがダンボールでもういっことか，いっぱいしたいって。

先生：みんなでやるのかしら？

H　：Yくんのこわい絵とか，みんなでいっぱいかいて。

先生：そこをひとりであるくのかしら？

H　：ひとりでだいじょうぶなひとは，かいちゅうでんとうもって，こわいひとはふたりで。

先生：このひょう全部説明したいから，次ね。みてみて，こっちなにかいてあるかな？

H　：じぶんたちでおべんとうつくる。

先生：じぶんで。みんなはつくれる？　つくったことあるひと？　おうちでつくったことあるひと？

子どもたち　次々に自分のしたことのあることをあげる。

　先ほどエピソード11で書いたものをもとに，これからクラスのみんなでしたいことを共に考える場面である。保育者とのやりとりの中で，Hは自分のアイディアを伝えている。また，聞いている子どもたちも，Hと保育者のやりとり，Hの描いたウェブ，そして先生の問いかけに自らの以前の経験を重ねながら，新しいアイディアへのイメージをふくらませ，アイディアを重ねていく。こうしてクラスでの共通の話題ができるとともに，クラスで新たなアイディアが生まれていっている。

　子どもの声が生まれるとき，みんなで聞き，そして，みんなで考えることが生じており，新たなアイディアを創造，探究することは対話の中で生まれてくることを見てとることができる。クラスで何かを考えること，探究していくことは，まさにクラスの対話そのものから生まれ，対話を豊かにすることが，学びを深めることといえるだろう。

　言葉はコミュニケーションから生まれ，コミュニケーションの中で育つ。そして，考えるということもまた，その関わりの中で育つことを大切に，赤ちゃんからの言葉の育ちを見守り支えたい。

> ① 赤ちゃんの時期の言葉の育ちを，赤ちゃんが「できる」ことの変化に合わせてまとめ，それに合わせた保育者としての対応を検討しよう。
>
> ② 身近な子どもの言葉，可能であれば子ども同士の会話を書き留め，その発達時期を検討しながら，その時期のおもしろさを味わおう。電車の中，公共施設等でも，おもしろい会話が聞こえてくるので，耳を澄ませよう。
>
> ③ 保育の場で，クラスの子ども同士の言葉の育ちを支える対応を検討しよう。

引用文献

1　岡本依子「親子関係とコミュニケーション」『発達』No.121，Vol.31，2010 年，9-17 頁

2　加藤繁美・神田英雄監修　松本博雄＋第一そだち保育園編著『子どもとつくる 0 歳児保育──心も体も気持ちいい』ひとなる書房，2011 年，13 頁

3　やまだようこ『ことばの前のことば──うたうコミュニケーション』新曜社，2010 年

4　江尻桂子「乳児における喃語と身体運動の同期現象 I ──その発達的変化」『心理学研究』68，1998 年，433-440 頁

5　やまだようこ『ことばの前のことば──うたうコミュニケーション』新曜社，2010 年

6　マイケル・トマセロ『心とことばの起源をさぐる』大堀寿夫ほか訳，勁草書房，2006 年

7　今井和子『子どもとことばの世界──実践から捉えた乳幼児のことばと自我の育ち』ミネルヴァ書房，1996 年，21-22 頁

8　やまだようこ『ことばの前のことば──ことばが生まれるすじみち 1 』新曜社，1987 年

9　岡本夏木『子どもとことば』岩波書店，1982 年

10　今井和子『子どもとことばの世界──実践から捉えた乳幼児のことばと自我の育ち』ミネルヴァ書房，1996 年，24-25 頁

11　加藤繁美・神田英雄監修　服部敬子編著『子どもとつくる 1 歳児保育──イッショ！がたのしい』ひとなる書房，2013 年，18 頁

12　菅野幸恵・塚田みちる・岡本依子『エピソードで学ぶ赤ちゃんの発達と子育て──いのりのリレーの心理学』新曜社，2010 年，115 頁

13　クワイン，W.V.O.『ことばの対象』大出晃・宮館恵訳，勁草書房，1984 年

14　今井むつみ・針生悦子『レキシコンの構築──子どもはどのように語と概念を学んでいくのか』岩波書店，2007 年

15　浜田寿美男『意味から言葉へ──物語の生まれるまえに』ミネルヴァ書房，1995 年

16　淀川裕美「 2 - 3 歳児の保育集団での食事場面における対話のあり方の変化──伝え合う事例における応答性・話題の展開に着目して」『保育学研究』51(1)，2013 年，36-49 頁

17　筆者の観察記録から作成

18　高木光太郎「ヴィゴツキー理論の可能性と実践の文化人類学」田島信元編『文化心理学』(18-36 頁)，朝倉書店，2008 年，23 頁

19　今井和子『子どもとことばの世界──実践から捉えた乳幼児のことばと自我の育ち』ミネルヴァ書房，1996 年，86 頁

20　筆者の観察記録から作成

21 同上
22 同上

遊びの中の
豊かな言葉の経験

乳幼児にとって生活の基盤は遊びであり，遊びそのものが生活である。年齢によって遊び方には段階があり，言葉を介して友達との仲間遊びが展開できるようになるまでには様々な過程を経ていく。

全身を使って意思表示する，乳児の言葉にならない表現が言葉の始まりである。そして，身近にいる人たちとの応答的な関係によって言葉が育ち，模倣や憧れから見立てやイメージの力を基盤に，ごっこ遊びが発展していく。また，一斉活動をきっかけとして，自分たちの遊びとして発展していくものもある。

遊びの中で言葉が有効に使われたり，遊びを通して言葉のやりとりが促される一方で，トラブルも発生する。言葉によって思いを相手に伝えることができるようになることをねらいとした，就学前までの園生活における乳幼児の遊びの中の言葉について，事例を通して解説する。

 模倣，見立てから始まる遊び

1 乳児の言葉と遊び

0歳児の生活と言葉

　乳児の言葉の獲得は，生きるための生活そのものに対して身近にいる大人（以下，養育者）がかける言葉によって支えられている。機嫌よく穏やかなときにはもちろん，母乳を飲んでいるとき，おなかが満たされたとき，おむつが汚れたとき，眠たくてぐずったとき，養育者は知らず知らずのうちに言葉をかけているに違いない。「おなかすいたの？」「もうおしまい？」「おしっこでたのね」「おしりきれいにしましょうね」「きれいになって気持ちよくなったでしょう」「ねむたいの？」等の生理的な場面での呼びかけである。これらに対して乳児は泣いて訴えるほか，全身を使っての動きによって，また乳首や哺乳瓶を吸うという行動によって応えている。生きるために必要となる基本的な生活における応答に始まり，養育者は名前の呼びかけやあやす等を毎日繰り返していく。乳児がクーイングや喃語で反応するようになると，養育者と乳児はすで

に言葉によって十分にコミュニケーションがとれているといえるだろう。

　やがて，手を握る，つかむ，放す，寝返る，はう，立つ，歩く等の身体的な発達に伴って，自発的な遊びの要素が加わってくる。たとえば，乳児が人形等を落として養育者が拾って渡すと，再び落とし，拾ってもらうのを喜ぶ場面がある。落としては拾ってもらうことを繰り返し，「ちょうだい」「どうぞ」や「ありがとう」等の言葉と共に，養育者がお辞儀をすると同じようにお辞儀をする姿も見られる。また「おつむてんてん」等，養育者主導の遊びによって，動きをまねるだけでなく，言葉のリズムに動きを合わせる楽しさや心地よさを経験していく。模倣は，自発的な遊びの始まりでもある。

　乳児は，起きているときには目が離せない存在であるため，必然的に養育者が身近にいることになる。そのため，養育者の言葉が乳児の行動に意味づけをし，遊びを引き出していくといえる。そして，生理的な欲求を満たしてくれ，不快を取り除いてくれる養育者の存在に安心感を覚え，自らも養育者を求めるようになっていくのが愛着行動である。多くの場合は，最も身近にいる母親がその対象となるが，園においては保育者がその役割を担うこととなる。乳児は養育者が身近にいることによって安心し，養育者を心の安全基地として，新たなことにも好奇心を示し，試してみる探索行動につながっていくのである。

　乳児は自分で動けるようになると，初めて見るものに自ら近寄ってのぞいてみたり触ってみたりする。もしも生き物であれば，ほえたり動いたりする反応に驚き，養育者のところへすぐに逃げ帰る。養育者は「怖かったねえ」「大丈夫よ」等と言葉を発するであろう。見知らぬものに対する興味や関心は，知りたい，試したいという意欲につながると同時に怖さも伴うが，すぐに逃げ帰れる養育者がいるからこそ，新たな興味が湧くのである。行っては戻る，また出かける。それが，自立への出発となり，遊びを豊かにする原点ともなっていく。

　保育所や認定こども園に通う乳幼児は，0，1，2歳児の頃から集団生活が始まる。養育者だけでなく，園では保育者や同年齢の子どもたちと関わりながら生活するのである。また，3，4，5歳児の姿を目にしたり，乳幼児の声がいつも届く環境は，0，1，2歳児にとっては大きな刺激になっているであろう。認定こども園乳児クラスでの出来事を，観察及び保育者からの聞き取りによって紹介する。

1歳児の遊び

　7月，おやつを終えて一段落した1歳児に保育者が大きな袋を出してあげた。袋の中身は，スカーフや風呂敷と人形である。子どもたちは思い思いに風呂敷や人形を手にもって，保育者のところへやってくる。具体的な要求を示す言葉はまだ十分ではないが，子どもたちは行動で意思を伝える。行動が言葉になっているのである。風呂敷と人形を両手にもって保育者に差し出すので，人形を風呂敷で体にくくって負ぶわせてあげると，得意になって保育者のもとから歩き出す。次の子どもは前を向いて人形と風呂敷を差し出す。「抱っこですか？」と尋ねて人形を抱っこさせてあげると，こちらも，満足して保育者から離れていく。そして，それを見ていた子どもたちも，同じように人形の抱っこやおんぶをしたくなり，人形と風呂敷を保育者に差し出してくる。友達の姿が刺激になり，「同じことをしてみたい」思いを保育者が分かってくれているという具合である。しかし，人形遊びが始まるのではなく，人形を抱っこやおんぶして，みんなと同じ格好をすることが目的である。子どもたちは人形と一緒に絵本を広げたり，室内を散歩して遊んでいる。

　みんながそのように遊んでいる横で，Ｓくんはおもちゃが入っている袋を引きずり，友達がおもちゃを取りに来ても袋を自分のほうに引き寄せて，手を伸ばして相手を「ダメ」と制する。Ｓくんも行動が言葉になって意思を伝えているのである。しかし，保育者が「かしてね」と人形と風呂敷を袋から出してほかの子どもたちに渡すことには抵抗しない。袋

そのものを独占したいのであろう。Ｓくんは言葉にならない声や行動によって自分の意思を伝えている。そして，それを受け止めてくれ，代弁してくれる保育者がいるからこそ，Ｓくんの思いが相手に伝わるのである。Ｓくんの保育者への信頼と安心感により，またＳくんを理解しようとする保育者の愛情によって，子ども同士互いにコミュニケーションがとれているといえる。保育者は，Ｓくんのいらいらした状態から何か心情の変化を感じ取り，様子を見守っていた。

2歳児の保育所ごっこ

　2歳児になると，言葉によってコミュニケーションがとれるようになり，言葉が遊びを発展させるようになる。また，身の周りの出来事の模倣が盛んになり，遊びとして楽しむようになる。ごっこ遊びである。

事例1 朝の受け入れ場面の模倣
　　　（保育者からの聞き取りによる）

人形を保育者に預けて自分は母親役になる。
A：今日，熱っぽいんです。
保：それじゃあプールに入れませんね。
A：すみません。すみません。
Aは手を合わせてお辞儀をし，「ママもう行かなきゃいけないから」と言って，連絡ファイルの代わりに絵本を保育者に渡して会社に出かけていく。

　事例1は，Aちゃんが毎朝保育所に来る場面である。自分が母親の模倣をし，人形を自分に，絵本を連絡ファイルに見立てて保育者を相手に保育所ごっこをしている。母親と保育者のやりとりをよく聞いているのと，母親が手を合わせて保育者にお願いするところ等もよく観察していることが分かる。

　Aちゃんは母親が迎えに来ても「帰らない」とぐずることがよくある。保育所ごっこの続きでAちゃんが人形を迎えに来たときに，保育者がAちゃんのまねをして「私は帰らない」と言ったそうである。ところが，Aちゃんは「帰るよ」「おやつがあるから帰るよ」「おみやげもあるよ」と言って人形を引っぱって行ってしまったという。Aちゃんにとって保育所ごっこのイメージは，母親が子どもを預けて仕事に行き，また迎えに来るというストーリーにとどまっており，子どもが「帰らない」と言うのは想定外のことなのであろう。また，保育者がAちゃんのまねをしていることにはまったく気付いていない。Aちゃんは毎日のように保育所からの帰り道にあんぱんを食べているそうで，「おやつがあるから帰るよ」の言葉には，Aちゃん自身の生活が無意識のうちに反映されていることがうかがえる。

保育所保育指針にみる保育の内容「言葉」

　2017（平成29）年告示の保育所保育指針，幼保連携型認定こども園教育・保育要領において，「3歳以上児（教育・保育要領では，満3歳以上

の園児）の保育に関するねらい及び内容」が，幼稚園教育要領の「ねらい及び内容」と同一の内容に改定された。

　ここでは，「1歳以上3歳未満児の保育に関わるねらい及び内容」の領域「言葉」から抜粋する。

(イ)内容
① 保育士等の応答的な関わりや話しかけにより，自ら言葉を使おうとする。
⑤ 保育士等とごっこ遊びをする中で，言葉のやり取りを楽しむ。
⑥ 保育士等を仲立ちとして，生活や遊びの中で友達との言葉のやり取りを楽しむ。

---

　①は，遊びを含めた生活全般において，保育士等の応答的な関わりや話しかけによって，子ども自ら言葉を使おうとする意欲や態度が育つことが示されている。特に0，1，2歳児にとっては，保育士等が信頼でき，安心できる存在であることが園の人的環境として必要最低条件となる。子どもは，自分を受け入れてくれる人に対して，全身を使って生理的欲求や自分の思いを伝える。保育者が，その言葉にならない言葉に意味づけをし，話しかけ，言葉として返していくことによって，子どもの言葉は育てられていくのである。

　⑤は，保育士等とごっこ遊びをする中で，言葉のやりとりを楽しむことがねらいとして示されている。ごっこ遊びは，生活そのものや憧れの人の模倣によって展開される。保育所に通う0，1，2歳児にとっては，養育者に次いで保育者が最も身近にいる模倣の対象となる。保育所で過ごす時間が長い子どもにとっては，保育所が生活の拠点となることから，保育者の言葉や具体的な援助によって遊びが引き出されていく。したがって，保育所ごっこは，0，1，2歳児にとって身近な，親しみやす

ままごとの道具を美肌ローラーや，
コンパクトに見立て，マッサージも

発熱の子どもをお世話する

い遊びであるといえる。

　⑥は，保育者を仲立ちとして，言葉によってコミュニケーションをとること自体が遊びとなることが示されている。保育者を相手に話し続けることもある。自分の経験したことと言葉が結びついて話すのであるが，時制の感覚はむずかしく，幼児になっても明確でない子どもも多い。

事例2 53歳になる祖母の誕生祝いを経験した2歳児
（保育者からの聞き取りによる）

B：K美先生は53歳でしょ。

保：違うよ。先生は24歳。

B：だってお誕生日何時？

保：5月28日の24歳。

B：24時の28歳？

　保育者がBちゃんの母親に報告したところ，祖母の年齢も違っていたそうである。しかし，Bちゃんにとって祖母の誕生祝いという生活経験が，言葉のやりとりを楽しむことにつながっていることは，十分に理解できる事例である。

2 幼児の言葉と遊び

　幼児になると，より一層言葉を介して遊ぶようになっていく。会話の成立がむずかしくても，擬音を発して電車や車を走らせたり，複数の人形を動かしながらそれぞれの役になりきって，一人遊びの世界に没頭する姿も見られる。また，歌を歌いながら砂場で遊ぶ，オノマトペを発しながら絵を描く，洋服の着脱や靴の脱ぎ履きの際等，何をするにも言葉や声を発していることに気付く。子どもたちは，言葉によって自分の行動を誘導したり，確認したりしているともいえる。

　オノマトペとは，擬音語と擬態語の総称である。擬音語とは，音を模した言葉で，生き物の鳴き声や物が発する音を表したものであり，「ワンワン」「カァカァ」「がりがり」等が例として挙げられる。擬態語とは，ものの状態や心情等を表した言葉で，「べたべた」「くるくる」「どきどき」等である。保育の場に限ったことではないが，言葉による表現が未発達な乳幼児にとって，オノマトペを使うことによって表現しやすくなったり，理解の助けになったりすることが報告されている[1]。

電車や車を走らせる

　電車や車が好きな子どもたちは，実物を見てその型式や動きに興奮したり，絵本や図鑑を見て構造に興味をもったりする。そして，電車や車のおもちゃ，積み木やブロックをそれらに見立てて，実際に動かしてみる。そのときに，「ブッブー」「ガタンゴトン」等の擬音を発しながら動かしていることが分かる。なかには床に顔をつけて電車の下部をのぞき込み，動かしながら車輪の動きをじっくり観察するような子どももいる。

　初めは，電車や車と自分との関係であり，周りにいる友達と同じ線路や道路を使っていても同じ場所を共有しているにすぎず，それぞれの遊び方である。しだいに擬音に呼応し始めたり，並べて走らせたりするうちに，仲間遊びに発展していく。たとえば，車種ごとに駐車場を設定して車を並べたり，電車によって行き先を設定したり等である。電車や車に興味をもつ子どもたちは，これらに関する知識に長けていることが多く，電車や車という共通の話題が言葉を引き出すきっかけになる。さらに，言葉がイメージを共有する手助けとなっている。駅構内アナウンス

数人でのミニカー遊び

駐車場に見立てて，ミニカーを本棚に並べる

電車のレールで遊ぶ

テラスにもつなげられたレール

が入る場合もあり，ひじょうに専門性の高い遊びになることもある。

　レールをつなげる遊びになると，ほかの子どもたちも参加しやすく，つなげることに協力して部品を探す役割の子どももいる。「見つけてあげる」「ほら，これあったよ」等の言葉が聞こえてきて，保育室からはみ出すほど長くつながることもある。少し場所を取るが，自分たちだけの遊びから，周りの子どもたちへの呼びかけを視覚的に発信しているともいえる。

憧れのモデルから始まるごっこ遊び

　子どもにとって身近にいるのは，養育者や保育者であるが，なかでも母親の姿は憧れの対象である。買い物に行く，料理をする，洗濯をする，赤ちゃんの世話をする等，家事をする模倣がままごとである。モデルが自分のすぐ近くにいるため，イメージがつかみやすい。家庭の会話を再現し，母親のまねをする。包丁で切ったものをまな板から鍋に移す手つきは本物さながらである。電子レンジを使い，携帯電話で話し，美顔器で顔の手入れもする。お化粧やパソコンを使いこなす姿もよくまねる。言葉はもちろん聞いているが，状況や音，手順等もよく見ているのが分かる。

▶ 3歳児のままごと

　ついたて，コート掛け，本立て等を移動して囲いをし，場所づくりからままごとが始まる。場所をつくることで周囲に対して，「ここは私たちが使う場所なの」と宣言し，仲間を集う意味もあると受け取れる。言葉が十分でない分，行動によってイメージを共有するのである。また，「そのつもり」になるための小道具は必需品である。エプロン，バッグ，買い物かご，三角巾や風呂敷は身に付けるだけで何ものにも変身できる。

　年少児は身近にあるものを取り入れて遊ぶのが得意である。おもちゃ棚に牛乳パックをぎっしり並べているのは「冷蔵庫だよ」，ときにはベッドにもなり，ついたてにエプロンや布団を次々にかけているのは「せんたく干してるの」と説明してくれる。保育者が洗濯用のロープを張ると，小さいお母さんたちが何人も登場する。ロープに洗濯物を干すためであるが，必ずエプロンと三角巾をつけてから加わるのは，お母さんになるための儀式でもある。

エプロンをつけて，人形をおんぶ

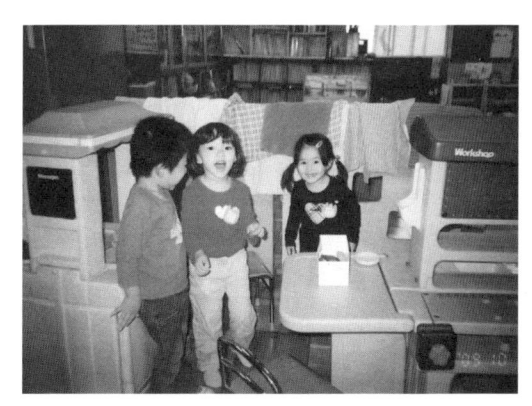

囲いをつくって，洗濯物を干す

▶ 幼稚園ごっこ

　乳児が保育所ごっこをしていたように，幼児もまた，幼稚園ごっこや保育所ごっこでよく遊ぶ。友達とイメージの共有がしやすく，モデルになる保育者は自分たちの身近にいる人である。意識していなくても保育者と同じ口調で話したり，口癖がうつったりすることもあるが，園ごっこでは子どもたちは意識して保育者のまねをするため，よく観察していると感心する。

　子どもたちが遊びに取り入れやすいのは，絵本を読む，出席をとる等，視覚的に保育者と子どもが明確に分かれる場面である。絵本は，まだ文字が読めなくても，読んでもらった絵本の言葉を覚えて読んだり，「きょうはこの本を読みましょうね」等と友達に呼びかける。保育者役の子どもが保育者の椅子に腰かけ，ほかの子どもたちは床に座り，絵本を読む格好をまねする。出席簿の片づけ場所もよく分かっており，言葉はもちろん，保育者の立ち居振る舞いすべてがモデルであることを実感する。

経験に基づく遊び

　子どもたちは，模倣だけでなく，毎日の生活の中で自分自身が経験していることも遊びに取り入れていく。多くの子どもたちが共通の経験をしているのは，買い物や病院に行くことである。自分の体験に加え，その場で見聞きしたことも遊びに反映されやすい。

▶ 病院ごっこ

　病院ごっこは年齢を問わず，子どもたちに見られる遊びである。低年齢のうちは人形を相手に，「お熱があるの」と寝かしつけたり，額

に手を当てて布団をかけてあげる等，人形が病気になった設定で看病することが多い。保育者が「大丈夫ですか」と言葉をかけると，「まだ下がらないんです」や「もう大丈夫です」と言って，人形に手を添えて近くに座っている。自分がしてもらったことを，再現しているのであろう。

　仲間遊びができるようになると，患者役と医師役や看護師役に分かれて遊びが展開される。患者役が横になっていると「どうしましたか」「おなかが痛いです」「じゃあ，お熱をはかりましょう」「注射をしましょう」と，熱をはかったり注射をする等，具体的な言葉が出てくる。聴診器や体温計，注射等のおもちゃも大事な小道具である。

　そして，年中後期や年長ではさらに具体的な小道具を自分たちでつくったりもする。カルテや薬袋を用意し，子どもたちの動きも活発になる。待合室と診察室が設定され，患者の名前を呼んで案内したり，検温や注射だけでなく，「点滴をしますよ」という言葉も出てくる。子どもが患者になる場合と人形を連れてくる場合等，その子どもなりのもつイメージが遊びになっていることに気付く。

▶ 椅子を並べて映画館や電車に

　幼児になると映画を観に行く経験もしている。年長児が，人形劇や自分たちのショーを見てもらうことを目的に椅子を劇場型に並べると，年中少児はまねできることとして椅子を並べることを覚える。椅子が並んでいると「いれて」と友達がやってくるが，3歳児では友達と一緒に座っていることで満足することもある。「居場所」として安心するのであろう。

　保育者が運転手用の帽子やハンドルを用意し，並んだ椅子をバスや電車に見立てて「○○まで行きますか」と言葉をかけると「はい，どうぞ乗ってください」等のやりとりとなり，遊びになっていく。大がかりな見立てには，保育者の言葉がまだ必要である。

並んだ椅子が子どもたちの居場所となる。
それぞれの言葉が聞こえてくる

事例3 電車ごっこ

▶ 4歳児11月

　椅子を縦一列に並べ，周りにはついたてや大型積み木で囲いをつくり，出入り口がある。男児3名と女児1名で電車ごっこである。女児Mちゃんは運転手の帽子をかぶり，男児が接客担当をしている。「どこまで行きますか」「渋谷行きです」「みなとみらいにも行きますよ」「お客さん，着きましたよ」と案内をし，飲み物や食べ物を配ってくれる。終点になると男児たちは散歩に出かけて，また戻る。行き先は馴染みのある私鉄沿線の駅であるが，運転手たちの行動は長距離列車か航海中の船である。

　休憩時間中，女児Mちゃんは足を組み，椅子に片手をかけて背中をもたせかける格好で，「ぷか〜，ちょっと一服」とたばこを吸い始めた。「ふ〜，疲れた〜」と言うその"間"や姿は，まさに長距離運転で一息ついている休憩中の運転手であった。男児が戻るとまた運転は再開されるが，お客さんは来る者は拒まず，去る者は追わずで，お客さんとのやりとりよりも，自分たちの設定を楽しんでいる様子であった。

　Mちゃんの格好と設定が印象的であったため，母親に遊びの様子を話したところ，家族に喫煙者はなく，どこで見たのか不思議に思われたようであった。長い旅の途中，目的地に着くと休憩時間をとるというストーリーが子どもたちの中にできており，運転手はたばこを吸って一息つき，接客者はその土地を散歩するのである。何かをモデルにしたと思われるが，行き先は決まっているようでいて自由自在でもあり，会話も必ずしもかみ合うわけでなく，つじつまが合わないこともある。それでも，同じ場を共有し，電車のイメージは互いにもちながら，遊びはそのまま静かに進行していた。

　子どもたちの遊びは，身の周りにあるものを取り入れて構成するうちに新たなアイディアが浮かび，遊びながらストーリーがつくられていく。初めから「今日は○○をして遊ぶ」と決めている場合もあるが，年齢の小さい子どもほど，周囲にあるものを何かに「見立てて」遊びに取り込んでいくことが多い。したがって，保育者の環境設定は重要である。

　「見立て」が成立するには，子ども自身の知識や経験が必要である。遊びを豊かにするには，生活経験が豊かであることが重要であり，言葉の豊かさもまた，生活経験に比例して伴うのである。

第2節　仲間遊びの中で

　模倣から始まる遊びは，年齢と共に仲間でイメージを共有しながら協同の仲間遊びへと発展していく。自分の思いと相手の思いを伝え合う言葉が必要になってくる。また，遊びの中で自分のもつイメージと相手のもつイメージを調整しながら，互いのイメージを新たにつくっていく。

　そして，主張と受容のバランスがくずれるとトラブルが発生する。しかし，子どもたちにとってトラブルは，周りと折り合いをつけていかなければならないことを体験し，成長のきっかけにもなる必要な経験でもある。

1 仲間になる

「いれて」「いいよ」，「かして」「どうぞ」

　集団生活に慣れてくると，その集団でのルールが生まれてくる。子ども同士で定めるものもあれば，保育者が意図的に子どもたちと考えていくものもある。その一つが，遊びの仲間に入りたいときの「いれて」や誰かが使っている物を使いたいときの「かして」の呼びかけである。相手が「いいよ」「どうぞ」と答えて遊びが継続するのであれば問題はない。しかし，子どもたちなりに「だめ」「やだ」は都合が悪いことを心得ており，「いいよ」「どうぞ」と答えてしまう場合がある。気持ちの中はどうなっているであろう。

　「今日はこの友達と遊びたい」「二人での遊びが楽しい」と思う日があるのは自然なことでもある。やっと手にしたおもちゃでこれから遊ぼうとしたときに「かして」と言われてしまったのかもしれない。保育者の目を気にして「いいよ」「どうぞ」と返事はしたものの，満足できない気持ちが友達に向けられてはいないだろうか。また，友達が近づいてきただけで「だめ」と大きな声を出したり，相手を手で制する子どももいる。友達のことが気になり，遊びに集中できなくなってしまう場合もある。

　園という大勢の仲間がいる環境の中では，主張ばかりでは遊びが継続しないため，折り合いをつけなければならない。しかし，形式的なやりとりだけでは納得できないこともあるであろう。そのようなときに，自分の思いを言葉で相手に伝え，相手にも理解してもらうことが必要に

なってくる。また，自分がどうしたいのかだけでなく，相手の思いにも気付き，どうすればみんなが気持ちよく過ごせるのかを考える機会も大事な経験である。

「今日は○○ちゃんと遊ぶから，あとで遊ぼう」「今使っているからあとでね」と，現状を言葉で伝えることも必要である。成長にしたがって，子ども自身も大勢で遊ぶ楽しさを体験するようになってくる。また，周りにいる友達が「△△ちゃんも一緒に遊ぼう」「これ使っていいよ」等と言えるようにも成長してくる。そのような日々の中で，いつも特定の友達としか遊ばない，おもちゃを独占している等の気になる様子が見られたら，保育者の手助けによって，友達の思いにも気付いていけるようになるとよいであろう。

子どもたちは少し年齢が高くなってくると，「だめ」と言ってしまっては分が悪くなることを承知している。遊びの状況に応じて，「せまいからもう入れない」「○人しか入れないの。ごめんね」「おかあさんが二人になっちゃうからもう入れないよ」等，言葉を駆使して自分に都合よく断ることもある。また，「いれてって言わなかったからだめ」「やめるって言ってないのにやめた」等，遊びの世界には子どもたちのルールが存在する。

何かトラブルが発生しても，すぐに気持ちが切り替えられる場合には，遊びはすぐに再開される。途中で仲間に加わった子どもも入りやすく，共に遊びを発展させることができる。しかし，そうでない場合には，結果的に自分の思いが通ったとしても，遊びが中断されてしまったことで不機嫌になり，遊びを持続する意欲がそがれてしまい，結局はやめてしまうこともある。

それでは，いつも「いいよ」「どうぞ」と言うのがよいのだろうか。人が生きていく中で，思うようにいかないことがあっても「折り合いをつける」ことは，必要な知恵である。しかし，いつでも同じ人ががまんをして解決していたり，いつも同じ人が自分の思いを通しているとしたら，そのときは子どもたちと共に考える機会としたい。自分の思いを表に出すことも，抑えることもどちらも必要である。また，自分の思いを相手に伝えるとともに，相手にも思いがあることを，言葉を介して知るのである。

小さいときにこそ，自己中心的な感情を表出しながら，相手の思いにも気付ける成長をしてほしいと願う。

物の取り合い

　園では，場所や物を友達と共有することが，子どもにとっては課題の一つになる。特にきょうだいの少ない家庭では，園で起こる物の取り合いは大事な経験である。3歳児の事例を紹介する。

　また，子どもの年齢や性質にもよるが，言葉の返し方によってはトラブルにならない場合もある。5歳児の事例と後日談によって考察する。

▶ 年少10月

　8月生まれの女児Y子ちゃんと3月生まれの男児Tくんが，一つしかない積み木を使いたくて，どちらも譲らず取り合いになった。言葉はなく，ものすごい形相で互いに積み木を放さずに引っぱり合っている。しかし，手が出ることはなかったので止めることはせずに，保育者は「一つしかないから困ったね」「どうしたらいいかしら」という言葉をかけるにとどめていた。

　二人とも一人っ子であり，家庭ではおもちゃを取り合う経験等することができない。また，保育者が見ていることを理由に相手に譲れるほど成長もしていない。どちらも引くに引けないが，最後にはY子ちゃんが手を放し，泣くのをこらえて「いいよ。Tが使っても」と言ってその場を離れた。Y子ちゃんは興奮状態にあり，自分を鎮める時間が必要であったが，Tくんに対して攻撃的な言動はなかった。Tくんは積み木を手にしたものの，すでに遊ぶ気持ちは失せてしまい，二人とも積み木遊びは終わってしまった。

　積み木の引っぱり合いをしているときに，Y子ちゃんはどうすればこの事態を変えられるのか考えていたと思われる。対するTくんは，引っぱることが目的になっていた。男女差や生まれ月の違いも関係しているだろうが，Y子ちゃんにとっては，一つしかない物は共有するか，どちらかが譲るか，の二者択一が必要であることを考える機会になったのであろう。Tくんにとっては，力ずくで欲しいものを手に入れても楽しく遊ぶことはできないことを，身をもって知ることになったと思われる。

▶ 年長6月

　二人の女児H子ちゃんとM香ちゃんがぬいぐるみ2体を両腕に抱っこしながら踊っていた。そこへままごとをしていた女児Nちゃんが「くまさん貸して」と，やや強い口調でやってきた。H子ちゃん

は笑顔で「はい，どうぞ〜。ついでにこっちもあげちゃおうかな〜」と，腕に抱えていたくまを両方ともNちゃんに渡した。Nちゃんは「ありがとう」と拍子抜けした調子で，ぬいぐるみを受け取って戻っていった。

▶ 後日談と考察

　H子ちゃんが成人してから，当時のエピソードについて尋ねてみる機会があった。エピソードそのものは覚えていなかったものの，小さい頃から物への執着がなかったそうである。

　H子ちゃんはぬいぐるみを使って遊んでいたため，保育者はH子ちゃんが「だめ」と言うだろうと予想したのであるが，意外な展開であった。H子ちゃんは身の周りにあるものを遊びに取り入れるのが得意で，遊びに不自由しない子どもであった。そのため，本事例の経過は本人が回想しているとおり，物に執着しなくても遊びが次々と展開できたのと，元々人と争うことを好まない性質にもよったのだと思われる。H子ちゃんは独自の感性をもっており，5歳当時，歌もつくっていた。H子ちゃんが何かにつけて歌っていた歌は，自分で考えてつくった歌であった。

　　♪　くまさん　くまさん　どこいくの
　　　　みんな　みんな　おでかけよ
　　　　くまさん　くまさん　なにするの
　　　　わたしは　まちまで　おつかいに　♪　（H子．5歳）

2 イメージの共有

　ままごとに代表されるように，イメージを共有することにより仲間遊びは成立し，展開していく。ままごとは道具が揃っていることも多く，料理をつくったり，人形を寝かしつける等，日常生活に直結していることから，子どもたちが取り込みやすい遊びであるといえる。

焼きそば屋さん

砂場で見られる子どもの姿

砂場では，素手やシャベルを使って砂の感触を楽しむ，水を加えて泥状にする，穴を掘る，トンネルを掘る，山をつくる，水を流す，おだんごやケーキをつくる，板を渡して橋をつくる等，おもに「つくる（作る，創る）」遊びが盛んである。園によっては，乳児用と幼児用の砂場が分かれている場合もあるが，同一の砂場の場合には，いろいろな年齢の子どもたちによって砂場は様々な表情を見せてくれる場所である。

年齢が低い子どもたちは，自分の関わり方によって自由に変化する砂と対話をしているともいえる。前述のオノマトペを伴って，ほとんど動くことなくしゃがみ込んで遊ぶことが多い。やがて，お皿やカップに砂を入れてペタペタとたたき，その上に花びらや葉っぱを載せて食べ物に見立てる。何をつくっているのかは，同じ場所にいても子どもによって「ケーキ」「ハンバーグ」「プリン」だったり，答えはまちまちであることもある。近くでつくっているうちに仲間と同じ目的ができると「ケーキ屋さん」や「レストラン」になる。イメージを共有し，仲間と一緒に「つくる」楽しさを味わっているのである。

保育者がお客さんになることが多く，近くに行くと「これ食べてください」「どうぞ」等とお皿を差し出してくれる。保育者がお皿を口元にもっていくと「ほんとに食べちゃだめだよ」「うそこだからね」等と子どもたちが保育者の心配をしてくれる。子どもたちが現実と想像の世界を行き来していることに気付く。

砂を入れたカップやお皿をひっくり返して型抜きができるようになると，大量生産も可能になり，「ごちそうがあるから来て」とお客さんを呼びに行く。砂場の縁にプリンがズラリと並べられることもある。バケツに入れた砂を上手に型抜くと大きなケーキができる。きれいに飾りつけて誕生パーティが設定されると，保育者は何度も誕生日を迎えることになる。「デコレーションケーキ」と「誕生日」がイメージとして結びつく経験をしているのである。「ハッピーバースデー」を歌い拍手をし，ケーキを食べて一区切りとなる。

おだんごは，砂と水の配合により，うまく固まったりくずれたりする。また，砂場に水を入れると泡立ちができ，それをカップにすくって「コーヒー」や「アイスクリーム」というように，砂の形状変化によってレパートリーも広がっていく。水を使うようになると水くみのほうが楽しくなってくる子どももおり，型抜き等の遊びと水を使ったダイナミックな遊びと自然に場所が分かれていく。バケツに水を含んだ砂を入れ，カッ

プ，シャベルを移動させて「お店やさん」を開店する姿もある。食べ物の「中身」が重量を伴っているため，料理をする手つきがさまになっている。「いらっしゃい，いらっしゃい」「おいしいかき氷ですよ」「ちゃんと並んでください」「はいはい，今つくってますからね」「水をもう少し入れないとね」「ちょっと忙しいから水くんできてくれる？」「わかった。いってきま～す」お客さんに向けた会話，店員同士の会話がそれぞれ成り立っている。途中で「これくらいでいいですか」とカップによそう分量をお客さんに確認したりもする。「100円です」「ありがとうございました」「また来てください」と会話は続き，興味をもって集まってくる子どもたちもいる。

　ダイナミックな遊びは一人ではできにくく，仲間と一緒に山，トンネル，川やダムをつくる等，共通のイメージが必要である。「トンネルを掘ろう」「水をくんでこよう」「もっと掘らないとだめだよ」「よし，流そう」等，何をどうしたいのか具体的な言葉が行き交う。ダムにするためには深く掘り，水の通り道をつくる。水を流すためには桶に水をためなければならない。水をくんでも量が増えると重くなり，協力しなければ運べない等，目的を達成するためにはすべきことがあり，仲間との共通認識によって遊びが成り立つことを体験する。言葉によって意思疎通が図られているのである。

　リーダーシップをとれる子どもがいると，的確な指示によって周りの子どもたちは何をすればよいのかがはっきりし，さらに夢中になって遊ぶ。しかし，一人だけの思いで遊びが進んでいないか，みんなの意見は反映されているのか，水くみばかり命じられてしまう子どもがいないか等，保育者としては子どもたちの役割配分にも，注意を向けていたい。

それぞれが砂と遊ぶ

砂を使ってお店屋さん

段ボールの家

　子どもたちは隅っこ，コーナーが大好きである。前述したように，ついたてや本立て等で囲いをつくることや，段ボール箱に入ることも好む遊びである。保育者は，大きな段ボール箱や大型の段ボール板を見つけた際には，ぜひ保育に活用したい。

　冷蔵庫用の段ボール板を5歳男児が全員でテラスに運び出し，大型積み木やついたても使って大きな屋根つきの家をつくった。中に，ままごと用の座布団や絵本等を運び込み，基地の完成である。複数の子どもたちで一つのものを構成するには，リーダー的な役割の子どもが出てくるが，自分たちが何人も入れるような大きな家をつくるには，みんなが働かなければならない。運び込みながら大きな家ができあがってくる様子に興奮し，「座布団がいる」「本ももってこよう」と湧き上がってくるアイディアを言葉にすることで，互いに同様のイメージがつくられていく。その結果，もめごともなく大きな家ができあがった。組み立て式にし，テープ等で固定したわけではなかったので，繰り返し継続する遊びとなった。中に入れるような「家」を自分たちでつくった喜びが自信となり，日頃は口数の少ない子どもが窓から顔を出しては，「おーい」と嬉しそうに周りの友達に呼びかけていた。

言葉の違い

　成長に伴って言葉が発達してくると，イメージだけによらず，言葉によって正確に内容を理解できるようになってくる。すると，相手と違う表現に気付いて戸惑うこともある。「おにぎり」や「おむすび」のように，自分は使わなくても何を意味するのかおおよそ理解できる言葉もあるが，遊びの途中に下記のような会話をしている年長児があったので，紹介する。

　年長9月に，M子ちゃんとN希ちゃんがままごとで人形を寝かしつけながらしていた会話である。
　M子：おしめをして，さあ……。
　N希：おしめって何？
　M子：ほら，赤ちゃんがおしっこしたりするときに……。
　N希：ああ，おむつね。
　このまま，何事もなかったかのように遊びは続行された。

言葉は，環境によって表現が異なる。最たるものは方言で，その地方の風土や文化に適した言葉が使われ，イントネーションも異なる。広くメディアが普及し，多くの人たちが共通語を話しているが，育った地域の言葉は各自の中に生きている。それが言葉のもつ土着性である。

おしめの事例は，家庭によっても使う言葉が異なる場合もあることを示している。年長児でもあり，思ったことをすぐに言葉にすることができるため，「おしめ」と「おむつ」が同一の物を指していることが，子ども同士により，その場で理解されていた。

3 遊びの発展

仲間で遊ぶようになると，それぞれの発想が刺激されてさらに遊びが広がっていく。「いいこと考えた」「○○すればいいんだよ」等，子どもたちからよく聞こえてくる言葉である。

事例4 ピザ屋さんごっこ
（保育者からの聞き取りによる）

▶ 年少3月から年中6月

年少の3月に粘土でピザをつくり，ピザ屋さんごっこが始まった。初めは，トマトやピーマンを載せて，「こういうのものってる」と言いながらピザづくりをしていたが，「いくらにするか」という価格設定に話題が広がった。500円，100円，50円と案が出た中から500円に決定した。また，「デザートがいる」「ポイントカードをつくろうよ」とお店の運営にも興味をもち，年中になってからもピザ屋さんごっこは続いた。すると，ピザづくりだけでなく，メニューや場所も用意し，お客さんに対しては「メニューをどうぞ」「ゆっくりしていってくださいね」等の言葉がかけられ，オーダーを取る人，品物を渡す人と役割分担も生まれた。

途中で材料の買い出しもあり，「だいこん買い忘れちゃった」「紙に書いてあったでしょ」「あー，そうだった」と，お店の裏方の会話も展開されていった。お客さんとピザ屋さんの表面的なピザ販売のやりとりにとどまらず，子どもたちの意識が裏方にまで広がっていることが分かる。

価格設定も的確で，ポイントカードの発想やお客さんを案内する言

葉等，生活経験が遊びに具現化されている事例である。また，単発の遊びではなく，長期にわたって展開されており，その間に子どもたちは実生活において，様々なことに関心を広げて遊びに取り入れていることにも気付く。

露天風呂ごっこからビューティサロンへ
▶ 年長3月

　卒園が間近に迫り，卒園式に向けて様々な準備が行われる時期である。春の日差しがやわらかく，残った園生活をいとおしむように，遊びの時間には穏やかに遊ぶ光景が見られる。女児が大型積み木で囲いをつくり，露天風呂ごっこが始まった。初めはお風呂につかってのんびりくつろいでいたのであるが，近くにあった巧技台を洗濯機やベッドに見立てて，マッサージルームが開設されることになった。やがて，のんびりお風呂につかる→マッサージで心身回復→きれいになる，という発想の流れで，ビューティサロンが始まった。

　露天風呂の脇に椅子を並べてサロンがつくられ，髪をとかしたりマッサージをしたりしながら「いらっしゃいませ」「ゆっくりおくつろぎください」と動き回る。また，髪をとかしながら「どのようにいたしますか」と尋ねたり，施術中にお客さんが本を読めるように絵本をすすめる等，イメージがどんどんと広がり，行動に移していく。それぞれが安心して遊びの世界を広げている。会話は，年長児の〇〇ちゃんでもあり，ビューティサロンの店員やお客さんでもあり，現実の世界と遊びの世界を自由に行き来していた。

子どもの発想の怖さ
▶ 年長3月

　鬼ごっこの鬼がままごとの包丁をもち，刺された人が次の鬼になるという恐ろしい遊びをしていたことがある。ままごとをしていたはずなのに，女児の興奮した騒ぎ声に変わり，保育者が気付いてすぐに止めた。

　ままごとをしているうちに，ふざけてそのようなルールになったという。「じゃあさ，包丁で刺された人が鬼になるのね」等とルールを言葉にする力もあり，理解する力もある。そして，通常「してはいけない」と分かっているからおもしろがるという，すでに「子どもらしさ」から脱却しつつある時期になっている，卒園直前の出来事であった。

　保育者が止めたときには，近くにいた男児が「いけない」と思って

女児から包丁をとりあげていたところであった。遊びに加わっていた子どもたちもよくないことは承知している。しかし，集団になったときに倫理観よりもおもしろさが勝ってしまうことを，目の当たりにした事例である。クラスの話題にとりあげて子どもたちと話し合ったが，善悪についてはもちろん全員が理解している。悪意がなくても，遊びにしてよいのかどうか判断しなければいけないこと，それだけの力が年長児にはもうすでに備わっていることを共に考え，確認した。また，道具の役割についても再確認し，正しい使い方をしなければ事故が起こることも同時に考える機会とした。

　卒園を前に衝撃的な出来事であったが，包丁をとりあげて止めようとしていたSくんの姿が救いであった。Sくんは言葉ではなく，顔を真っ赤にして全身で止めてくれていた。これも年長児の育ちの一面である。

言葉を通して成長を感じる

▶ 年長12月

　個人差がありながらも仲間意識が育ち，子ども同士で十分に集団遊びを楽しめる時期である。ルールを理解し，守ることができるようになっている。

　泥警（逃げる泥棒と捕まえる警察の鬼ごっこ）は，年長が好む遊びの一つである。捕まった泥棒は牢屋に入るが，仲間がタッチすると牢屋から出ることができるため，警察の子どもたちは追いかけるだけでなく，牢屋の前で番をする役割も必要になってくる。それぞれ複数いるためにチームとしての仲間意識も芽生えて，男児も女児も混ざり合って遊べる。近年では同様のルールで氷鬼が盛んであるが，氷鬼は途中で「氷！」と言って固まると捕まらずに済むのに対して，泥警は自力で逃げなければならず体力がいるため，やはり年長が思いきり楽しめるのであろう。

　ある日，6名の女児が泥警をしていたが，2名が「やめる」と言って人数が少なくなるところへ男児が5名入ってきた。「やめる」と言ったS美ちゃんは泥棒になるのがいやだったこともある。結局，女児2名は継続することとなったのであるが，実はKくんのこんな言葉に支えられていたのである。

　「S美，おまえタッチされてもいいから行ってこい」（ぼくが助けるから：筆者注）。

　Kくんは入園前から体が弱く，病院通いや服薬が必要で，甘えん坊

であり少しわがままでもあった。友達と遊びたくても気に入らないと抜けてしまったり，不満を口にし，保育者にくっついてくることが多かった。2歳下に弟がおり，Kくんの体調のことや性格のことから母親も祖母も弟のほうをかわいがり，そのことを母親が保育者に話してもいた。母親の心情は受け止めたが，Kくんとしても思うようにならないいらいらした心情が友達に対しても出ていたのだと思われる。Kくんが保育者を心の拠り所に求めてくる場合には受け止めて，スキンシップも多くとるようにしていた。しかし，年長も後半になり，だいぶ体力もついてきたことから自信をもち，S美ちゃんに対して前述のような言葉が出てきたのであろう。

　乳幼児の言葉は，言葉そのものだけでなく，その子どもの背景を理解することによって，その子どもの育ちが明確になることがある。子ども同士の遊びの中でのやりとりであるが，保育者にとっては書き留めずにいられなかった言葉である。

（筆者注）筆者の幼少期〜10年ほど前まで「泥警」は子どもたちがよくする遊びの一つであった。しかし，ルールを書きながら「泥棒」「牢屋」という言葉に筆者自身が違和感をもったことを記しておく。

第3節　クラス活動の遊びから

1　クラス活動から始まる遊び

　保育者がクラス全体にきっかけを投げかけて，その結果，子どもたちの意欲を刺激して発展する遊びもある。「しりとり」や「なぞなぞ」「伝言ゲーム」等の言葉遊びは長く親しまれており，多くの人たちが子ども時代に遊んだ経験があるのではないだろうか。保育の場でとりあげるねらいとしては，言葉そのものに親しみをもつ，言葉の構造を知る，語彙を増やす，思考する等が挙げられる。「しりとり」は「ん」で終わらないルールを理解しなければならないが，年長児になると遠足に行く途中等，電車やバスの中でも子ども同士で楽しむ姿が見られる。

　「あ」から始まる言葉を見つける等の頭文字集めは，年齢の低い子どもたちも参加しやすい言葉遊びである。思いがけない言葉が子どもたちから出てくることもあり，どこで覚えた言葉なのか，不思議に思うこともある。

　また，「トマト」「しんぶんし」「たけやぶやけた」等，上から読んで

も下から読んでも同じ言葉や文章になる回文，五七五のリズムをもつ俳句について子どもに紹介することもある。子どもと一緒につくってみると，興味のある子どもは言葉に対する感覚が豊かになり，言葉集めを自発的な遊びとして楽しむようになる。

だじゃれを楽しむ

だじゃれは，言葉のもつ意味や音を正確に理解していないと楽しめない高度な言葉遊びである。S幼稚園では，「言葉」に関する活動を保育課程の中に位置づけて，年齢ごとに遊びの中に取り入ており，子どもたちの言葉への関心が高い。一度とりあげられた遊びは，年中少の頃に見聞きしていた園児が年長になり，園の文化として子どもたちによって継承されていくこともある。

事例5 「だじゃれのとも」結成
　　　（保育者からの聞き取りによる）

年長3学期に，お弁当時の会話でだじゃれを楽しむ姿があったため，保育者が「紙に書いて，絵も描いたらおもしろいのではないか」とすすめてみた。保育者は画用紙を切って準備をしたところ，「ダジャレのほん」ができあがった。

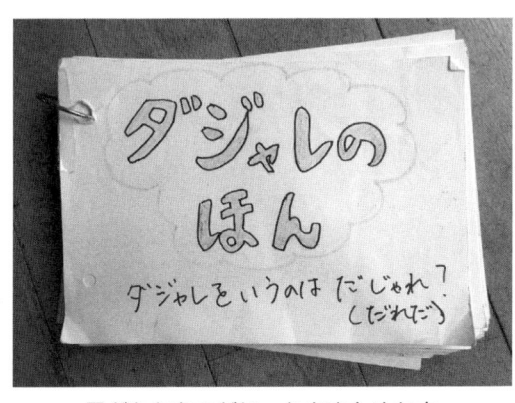

子どもたちのだじゃれをまとめた本

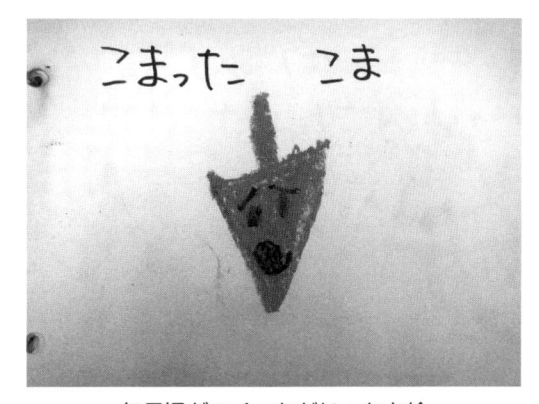

年長児がつくっただじゃれと絵

次年度，年長になったAちゃん，Hちゃん，Yちゃん，Sちゃんの4名の女児が「ダジャレのほん」に強い関心を示し，自分たちもつくりたいと言って書き始めた。前年度の「ダジャレのほん」は，自分たちの言葉遊びとして出てきただじゃれを書き留めたものであった。しかし，次年度の4名は，紙とえんぴつをもっていろいろな保育者を訪ねて，取

材をしたものも取り入れたという。だじゃれを楽しむにとどまらず，取材をし，原稿を書き，本にまとめる編集作業になった。すると，その「仕事」をする会社組織として「だじゃれのとも」が立ち上がり，だじゃれを思いついたときには増版を重ねている。

　子どもたちの言葉遊びとしてS幼稚園の園長から5月に紹介され，7月と1月に見学に行った際にもだじゃれ集めは引き続き行われていた。男児も参加しており，だじゃれだけでなく，回文のカードも作成していた。だじゃれはどのように考えるのか子どもたちに聞いたところ，「なぞなぞの本とか」「パソコンで調べたり」との返事で，両親も動員して取り組んでいるようである。言葉のセンスや興味の深さにもよるので，全員が参加するわけではない。しかし，クラスで分かち合うことにより，こんな遊びを楽しんでいる友達がいることを知ることもまた，言葉への関心が広がるきっかけとなるのであろう。

「ダジャレのほん」を書く年長児

出版社「だじゃれのとも」
「こどものとも」にまねて命名

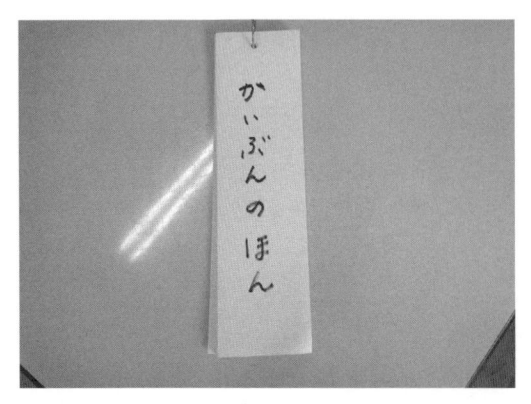
回文カード

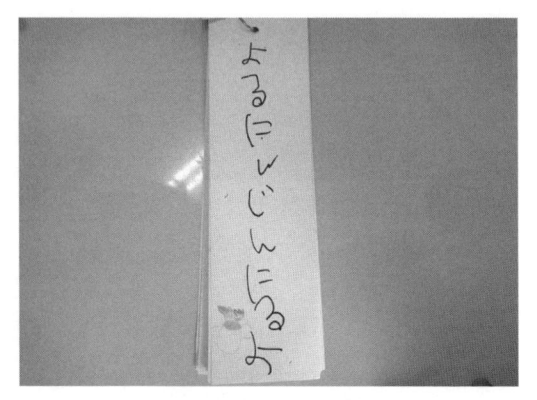
子どもがつくった回文

2 子どもの言葉のおもしろさ

　成長著しい乳幼児期であり，子どもたちの発想や言葉のやりとりには驚かされることが多い。しかし，まだまだ未熟な面が残っており，子どもならではのかわいらしさも見せてくれる。

　子どもが理解している範囲を，言葉を通して確認することもある。また，子どもの言葉の使い方がまちがっているときには，まちがいを指摘するのではなく，正しい言葉で大人が返し，耳から子どもが感じ，覚えていくのがよいであろう。

朝ごはん

　3歳児に，「今日の朝ごはんは何を食べてきましたか」と2学期以降，毎日尋ねてみることを試みた。子どもが食生活に興味をもつこと，自分の生活を思い返して答えることをねらいとした。

　「ごはんを食べてきた人」「パンを食べてきた人」「野菜を食べてきた人」と保育者が質問し，子どもたちに返事をしてもらう。初めはどの質問にも「はい」と答える等，質問を理解していない子どももいた。また，なかには，「コーンフレーク」や「パンケーキ」等，確かに「ごはん」と「パン」だけに分類できないメニューもあった。いつまでたっても反応しない子どもたちに何を食べてきたのか尋ねると「おにぎり」「お茶漬け」「おすし」等，「ごはん」に分類できるものが大半であった。同様に，「サンドイッチ」「ホットドック」等もパンに分類できることがまだ理解できていないことにも気付いた。

　朝食はパン食の家庭で，子ども自ら「先生に聞かれたら最初に立つから，たまごごはんにして」と母親にリクエストした子どもがいた。翌日の見通しをもって，言葉で母親に思いを伝えているのである。子ども同士でも，「今日はパン食べてきたの」「ヨーグルトだったよ」等の会話が聞こえてきた。子どもにとって，自分に当てはまることを言われるのは，自分を認めてもらった気持ちにもなる。また，毎日同じテーマを話すことによって，関心が深まってもいくことも感じられた。

フルーツバスケット

　フルーツバスケットは親しみのあるゲームの一つである。年長5月にフルーツバスケットの「こどもの日バージョン」として，子どもたちを「こいのぼり」「かぶと」「かしわもち」に分け，全員が移動する言葉である「フ

ルーツバスケット」を「こどもの日」とした。鬼はこれら4つの言葉から選んで指示を出す。一人の子どもが鬼になったときに「むかしのおもち」と言ってしまった。年長でもあり，周りの子どもたちのほうが鬼は何を言いたいのか理解してゲームは続いたのであるが，とっさに「むかしのおもち」と言ってしまう子ども，そのまま受け取る子どもたちの感性はほほ笑ましいものであった。

　まだまだ紹介しきれないほど，園の中では様々な遊びが展開されている。豊かな遊びは，豊かな生活経験に支えられていることに気付くであろう。乳幼児にとって言葉は，体の動きを伴って獲得していくものであることから，生活経験が動きを伴った言葉となって，遊びに反映されていくのである。保育者は，子どもが安心して活動できるように信頼関係を深め，子どもの内面が言葉となって表現できる環境づくりに努めたい。

① 子どもの言葉の発達と環境との関係についてまとめよう。

② 実習先で，子どもの言葉のやりとりを聞き取ろう。言葉から読み取れる内容と，言葉だけでは読み取れない子どもの心情を考察しよう。

③ 子どもがごっこ遊びを好む理由を考えよう。

④ 子どもの言葉の育ちを保障する保育者の役割について考えよう。

引用文献

1　近藤綾・渡辺大介「保育者が用いるオノマトペの世界」『広島大学心理学研究』第 8 号，2008 年

参考図書

◎ 岡本夏木『子どもとことば』岩波新書，1982 年
◎ 今井和子『ことばの中の子どもたち──幼児のことばの世界を探る』童心社，1986 年

第4章

話すこと，聞くこと，伝え合うことの経験

第4章では，幼児期の子どもが園で話すこと，聞くこと，伝え合う経験の意味について学ぶ。特に本章では，りんごの木子どもクラブでの4・5歳児の子どもたちのミーティング（みんなで話し合う時間）の実践におけるエピソードを通して，その中で子どもたちが経験していることを考える。子どもたちの人間関係を通した言葉の交流がいかに豊かであるかを学びたい。

 第1節 ## 話すこと・聞くこと・伝え合うこと
幼稚園教育要領の領域「言葉」における位置づけ

　領域「言葉」において，「話すこと」「聞くこと」「伝え合う」ことは重要なキーワードである。領域の3つの「ねらい」のうち，以下の2つがこれに該当する。

（1）自分の気持ちを言葉で表現する楽しさを味わう。

（2）人の言葉や話などをよく聞き，自分の経験したことや考えたことを話し，伝え合う喜びを味わう。

とある。

　また，「内容」も10項目のうち，ほとんどすべてが該当するが，なかでも最初の4項目は特にこのことに該当する。

（1）先生や友達の言葉や話に興味や関心をもち，親しみをもって聞いたり，話したりする。

（2）したり，見たり，聞いたり，感じたり，考えたりなどしたことを自分なりに言葉で表現する。

（3）したいこと，してほしいことを言葉で表現したり，分からないことを尋ねたりする。

（4）人の話を注意して聞き，相手に分かるように話す。

　もちろん，話すこと，聞くこと，伝え合うことは，相手とのコミュニケーションの中で行われることであるから，領域「人間関係」との関連性も

大きい。参考までに挙げると，「人間関係」の内容として関連するものは，以下の5項目が特に該当する。

（1）先生や友達と共に過ごすことの喜びを味わう。

（5）友達と積極的に関わりながら喜びや悲しみを共感し合う。

（6）自分の思ったことを相手に伝え，相手の思っていることに気付く。

（7）友達のよさに気付き，一緒に活動する楽しさを味わう。

（8）友達と楽しく活動する中で，共通の目的を見いだし，工夫したり，協力したりなどする。

（10）友達との関わりを深め，思いやりをもつ。

　保育内容は，すべての領域が相互に関連し合っており，総合的であるため，他の領域と関連しているのは当然のことである。この章で扱う「話す」「聞く」「伝え合う」ことは，「人間関係」との関連性が特に大きいことが分かる。以上のような点も踏まえ，子どもの言葉と人間関係の関わりから学んでいきたい。

（大豆生田）

# 第2節　子どもたちのミーティング

1 子どもたちのミーティング

　りんごの木子どもクラブは，子どもに関わるトータルな仕事をする場として，1982年に，柴田愛子，斉藤雅美，中川ひろたかによって設立された。以来，保育はもとより，保育者向けセミナーやワークショップの企画と運営，本やCDの制作など多岐にわたり活動してきた。

　現在は横浜市都筑区を拠点にし，保育（認可外幼稚園）には2歳から6歳まで100名前後の子どもが通っている。「子どもが主役」をモットーに，日々子どもたちと関わり続けている。

　りんごの木では，5歳児を「1番組」，4歳児を「2番組」と呼び，毎日，ミーティングを行っている。時期や話題，子どもたちの様子などにより，年齢別，または縦割りのグループで行う。どちらの場合も，話し合いの人数は30人前後，そこに2，3名の保育者が入る。

　朝からたっぷり遊んで，11時過ぎから椅子を車座に並べて集まり，いろいろなことを話し合う。話のきっかけはおもに保育者が振るが，話し合いを重ねるうちに，子どもたちからも積極的に話題が投げかけられる。

ミーティングというと，一般的には大人のミーティングをイメージしがちだが，ここでのミーティングは子どもたち（4，5歳児）のミーティングである。このミーティングでは，子どもたちがみんなに伝えたいこと，考えてほしいことを自由に話し，話し合う場となっている。その話題は家庭であった個人的な出来事のこともあれば，園内での友達とのトラブルのことや，自分が今日楽しかった遊びのこと等，多様である。それぞれが自分なりのスタンスでこの語り場に参加し，ときには大激論となることもある。また，この場を通して仲間から支えられているという実感につながることも多い。りんごの木では，このような語り場が大切にされているのである。

　幼稚園教育要領の領域「言葉」のねらいに「（1）自分の気持ちを言葉で表現する楽しさを味わう」「（2）人の言葉や話などをよく聞き，自分の経験したことや考えたことを話し，伝え合う喜びを味わう」と記されていることはすでに述べたとおりである。しかし，自分の思いを言葉で表現したり，伝え合う喜びを味わうといった経験を保育の中で保障することは簡単ではない。りんごの木のミーティングでは，このような言葉で伝え合うような場が意図的に用意されている。しかも，自分の思いを本音で伝え合えるような場となっている。そのため，本章では，りんごの木のミーティングの事例を通して，言葉を表現すること，伝え合うことを経験することの意味について考えていきたい。

2 コミュニケーションのかたち　——言葉以前

　人が人に関わろうとするときに，年齢によって表現の仕方が異なる。

　たとえば，1歳児は言葉をほとんど使わない。特定の子に興味をもって近づいていくと，触ったり，押したり，その子のもっている物を取ったり。においをかいだり，なめたり，かんだりする子もいる。いたって動物的としかいいようがない。

　2歳児は言葉を獲得していく。だが，多くの場合，感情表現はやはり表情や態度で表される。

　2歳のあっくんがピアノを弾いている子をじっと見ていた。見ていたかと思ったら，タッタッとかけだしていき，ガブッとその子の手にかみついてしまった。かみつかれた子は痛いというより，びっくりしてしまったのだろう。火がついたように泣き始めた。もちろん，手の甲には歯形。私は思わずあっくんの口を指ではさみ「かんじゃだめ！　ほら，こんな

に痛いでしょ！」と怒った。手を離すと，あっくんは，しらっとした顔をして言った。「かんじゃだめ　かんじゃだめ　やさしく　やさしく」。さらに，歩きながらお経のように唱え始めた。言葉の意味を理解して言っているのではなく，自分がかんでしまったときに大人から聞かされる言葉がインプットされていて，自動的に出てくるということだろう。まだまだ言葉での表現は身に付いていない。

2歳のひろくんは，元気な3歳のなっちゃんに惹かれている様子。目でなっちゃんを追いかけている。やがて，なっちゃんが砂場近くでままごとを始めた。片手鍋に砂を入れてガスコンロにかけた。すると，ひろくんはおたまをもって近づいていき，なっちゃんの隣で嬉しそうにガスコンロにおたまをたたきつけ始めた。カーン，カーン，カーン。

なっちゃんは「うるさい！」と言ったが，ひろくんは嬉しそうにたたき続ける。「うるさい！」となっちゃんが怒鳴る。ひろくんは嬉しそうにたたく。なっちゃんが反応してくれるのが嬉しいようだ。とうとう，なっちゃんがひろくんを押した。だが，同年齢の友達のときのように強くはなく，手加減されている。ところが，ひろくんはやめない。怒り心頭のなっちゃんは片手鍋をもち上げ，ひろくんとは反対側の地面めがけて投げつけ，ぷんぷんしながら去っていった。

2，3歳同士のコミュニケーションは，こんなかたちで始まる。「いれて」「いいよ」と，言葉でスムーズに運ぶことはほとんどない。距離的に近づき，何らかのアクションを起こし，互いに受け入れていくという，手間暇かけて関係がつくられていく。言葉より，表情や行動のほうが気持ちをストレートに表現できるのである。

なっちゃんは，自分の怒りをひろくんからそらして解消するという，かなり高度なやり方をしたが，言葉で言い聞かせようとはしなかった。

3 ミーティングの始まり

言葉が発達してくると，4歳くらいから，思いや願いを言葉でも表現しようとし始める。もちろん4歳にしても，表情や行動のほうが，自分の感情や思いを表しやすいのに変わりはない。だから，けんかも多い。だが，「思いを言葉にして伝えたい，分かってほしい」という欲求，言葉という共通の表現手段でコミュニケーションをとろうとする意欲は強くなる。さらに，言葉で思考することが始まり，話し，考え，言葉でコミュニケーションすることで互いに高め合うことができるようになる。

そこで，話し合う，伝え合う，考え合う場として，4，5歳児からがミーティングの有効な年齢になると考えている。

　しかし，ミーティングを行う前提として，自分の本音と感性を，何のてらいもなく表現できている時期があることが必要である。周囲の大人たちの顔色を見て，自分の行動を抑制することに慣れていると，言葉での表現においても，同じように大人の評価を察してしまうからだ。自分を表現することに慣れていてこそ，言葉という手段を使ってもストレートに表現できるようになる。大人的にいうと，本音で生きているからこそ，本音を語れるということ。これがミーティングの大前提である。

（柴田）

 ## 第3節　事例を通して考える

【ミーティングの流れと，事例対応表】

①集まる

↓

②耳を傾ける〜絵本など

↓

③声を出す〜名前を呼ばれて応える（仲間であることの確認）

↓ 「見せたいもの」（78 ページ）

④聞く，聴く（傾聴）〜子どもが子どもの言うことにも耳を傾ける

↓ 「あのね」（79 ページ）

⑤話す

↓  「でるって，いうな！」（81 ページ），「きげん」（83 ページ）

⑥会話する〜やりとりする

↓  「となりにすわって！」（86 ページ）

⑦考える

↓ 「怒っている気持ちをどうするか」（89 ページ）

⑧意見を出す

↓ 「やりかえす？」（92 ページ）

⑨考え合う，話し合う〜遊びの発展，トラブルの解決

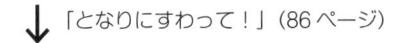 「でんしゃごっこ」（94 ページ），「チラシ」（97 ページ）

1　見せたいもの（「声を出す」）
——ミーティングの始まりは，集まって，顔を見合うことから

　4月。はじめましての季節。みんなで椅子を丸く並べて座る。あのひとだぁれ？　あの子はだぁれ？　保育者も，子どもたちの名前は知っているけれど，どんな子なのか，どんな遊びが好きなのか，まったく分からない。まずは，名前を呼んでみる。

　「いつきくん」「はい！」
　「しげるくん」「はい！」
　「まりちゃん」「はーい！」
　「みちおくん」「わん」
　「こうたくん」「おなら，ぷー」
　「ゆうくん」「となりにいるじゃん」
　「ことかちゃん」「……」

　2番組のことかちゃん。少しだけ，右手を上げた。知らない人ばかりの中で，しかも知らない大人から呼ばれたって，声は出せない。でも，知らんぷりもできない。こんなときは，ほんの少し，手のひらを上に向けるくらいの返事が返ってくる。

　青山：そうすけくん。
　そうすけ：はい。けどね，「くん」は，いらない。そうすけってよんで。
　青山：へー，どうして？
　そうすけ：なんかさ，もうおっきいからさ。
　青山：わかった。そうすけ。
　そうすけ：はい！

　4月の初め，まずはお互いのことを知り合っていけたらいいなと思っている。大人のように，言葉で自己紹介はできないので，いい方法がある。その子が手に握っている物を，みんなに見せてもらうのだ。
　「こっちゃん，それなぁに？　折り紙で何かつくったの？　ちょっと，みんなに見せてもらってもいい？」という感じで。こっちゃんが折っていたのは，ピアノだった。かなり高度。黒鍵まで丁寧に描いてある。

　青山：わー，すごく細かく描いてあるね。ね，でも，これ折るのって

　　　　　むずかしい？

ことか：ちょっとね。でも，できるよ。

青山：今日は，これ折っていたの？

ことか：うん，あとハート。

　こっちゃんという人はどうやら，折り紙で遊ぶらしい。けっこう細かいのも折れるんだ，という関心が周りの子たちにも湧き立っていく。もっている物には，その人の遊び方や人となりがにじみ出ている。

　「まりかも，おったよ」「わたしも！」「おれ，紙ヒコーキなら，かんたんにつくれるよ」あちこちから声が上がる。

青山：ね，りゅうせいの椅子の下にある，ブロックは何？

りゅうせい：これ？　うちゅうヒコーキ。

青山：わ，すごい！　おっきいなぁ。

りゅうせい：かんたんだよ。もっとおっきいの，むこうにあるよ。
　　　　　　もってこようか。

　どうやら，りゅうせいという人はブロックで遊んだんだ，そしてあんなに大きいものをつくれるんだ……。

〈コメント〉

　りんごの木では，朝からたっぷり遊んで，昼前にみんなで集まる。ぐるりと車座に座って，名前を呼ぶ。これは，単に出欠の確認ということにとどまらない。お互いの顔を見合い，そこで名前を呼ばれ，声を出す（ことかちゃんのように，しぐさでもかまわない）。もっている物から，その人を知る。何より「今日も一日，ここで一緒に過ごそうね」と，確かめ合うこと。「集まる」ことは，仲間であることの確認だと，私たちは思っている。

（青山）

2 「あのね」（「聞く，聴く」）
──ざわついていた4月。仲間の声に耳を澄ませてみよう

　4月の初めの頃，1番組も，まだざわざわしている。心も体も，落ち着かない様子。すぐに椅子から立ち上がってみたり，隣の人とふざけ合ったり。話し合いを始めても，自分の言いたいことを大声でまくしたてる

ばかりで，人の話はちっとも聞けない。

　しだいに，話す人も限られてくる。こうなると退屈だ。焦点の合わない話し合いは，ただやかましいだけの時間になってしまう。

　「おなかへったー」

子どもは退屈すると，よくこれを言う。

　「トイレ，いきたいー！」

　「このはなし，まだつづくの？」

　「ドレミのうったっがぁ～」

しまいに，かんたくんは歌まで歌い出してしまった。

　そこで，4，5歳児縦割りクラスを年齢別の小さな集団に分けて，話し合いをしてみることにした。私は1番組のほうに入った。まず，細長い棒状のブロックを一つもち出して話し出す。

　青山：あのね，これ，マイクね。マイクをもっている人だけが話します。
　　　　他の人は聞いていてね。今，だれがもってる？

　子どもたち：あおくん。

　青山：うん，じゃ，まずぼくが話すね。あのね，今日の朝ごはんね，
　　　　ごはんだったんだよ。ウチは，お休みのときはパン，あとはごはんって，なんだか決まってるみたいなんだよ。

　子どもたち：ウチはいつもパンだよ！　ウチも！　ごはんだよ！

　青山：あのね，今日，サッカーしたんだよ。ありむくんのパパも，お仕事がお休みでりんごに遊びにきていて，いっしょにサッカーしたんだよ。

　子どもたち：やった，やった！　かったよ！　まけちゃったよー。

　青山：ありむくんのパパ，サッカーうまくてさぁ，ボール，ぜんぜん，とれなかったよ。

　ありむ：そうだよ，でも，おれもうまいよ。

　こんなふうに「あのね」から始まる話をいくつかこちらから話してみた。そして，「あのね，がある人いる？」と，今度は子どもたちに話を振ってみた。すると，はい！　はい！　とあちこちから手が挙がった。

　「あのね，きょうは……してあそんでたんだよ」

　「あのね，つい，こんなことになっちゃってさ」

「あのね」から始まるいろんな話。遊びのこと，家のこと，この前出かけたときのこと，つい笑っちゃった話。にぎやかに語り合いが始まった。それでも，マイクをもっている人が話す，ほかの人は聞く，というルールがあるので，やかましいだけの言い合いにはならない。誰かがマイクをもつと，その人に耳を傾ける。

りゅうせいくんがマイクをもった。

りゅうせい：さっきのついやっちゃうって，はなしだけどね。おれも，
　　　　　つい，パンチしちゃうことある。
青山：パンチしちゃったあとは，どんなきもちになるの？
りゅうせい：あちゃ〜って，きもち。でも，またでちゃうんだよ。
まりか：まりかはね，おこってるきもちじゃないけど，あるな。うち
　　　　のなかでね，かーちゃんが，ほかのへやに，いっちゃって，
　　　　ひとりになっちゃって，それでさみしくて，なきたくないの
　　　　に，つい，なみだがでた。

〈コメント〉

ほかの人の話にきちんと耳を傾けるという空気の中で，子どもたちは初めて落ち着いて，自分のことも話し出せるようになっていく。また，ほかの人の話に耳を傾けることで，いろいろな気付きもある。隣にいる友達が，自分にも心当たりのあることを話していること。自分の気持ちを話したら，同じような心持ちの人がすぐそばにいたこと。他の人の声に耳を澄ますことで，自分もまた深まっていく。

（青山）

3 「でるって，いうな！」（「話す」）
——ミーティングだからこそ，言える本音がある

てるくんのお母さんが「最近，てるが困っているようで……」と連絡ノートに書いてきた。「でる，でる」と，名前でからかわれるとのこと。「やめてって，言ってみたら？」と，お母さんが言うと，「かずとしは1番組だし，からだもおっきいし，おれがいっても，ぜったい，やめてくれないよ」と，てるくんは答えたという。

翌朝，私は，てるくんがどんな表情で来るかを見ていた。てるくんはボールを抱えてやって来て，「かずとしと，サッカーするんだ」と言う。

かずとしくんが来ると，「かずとし，おはよう！」と声をかけた。

　だが，てるくんの目は，おどおどしている。てるくんには，一つ大きい，かずとしくんは憧れでもあり，怖い存在でもあるようだ。「でる，でる」と，名前でからかわれていやなことを，てるくんは自分の口から言うだろうか。ミーティングのとき，私はてるくんの隣に座って話し始めた。

> 青山：みんな，りんごの木で困ったことがあったとき，まず誰に言う？
> 　　　お母さんかな，りんごの大人かな，それとも友達かな？
> 　　　（子どもたちに手を挙げてもらう）
> 子どもたち：お母さん（8割くらい）
> 　　　　　　りんごの大人（7割くらい）
> 　　　　　　友達（5割くらい）
> 青山：そうかぁ，人それぞれなんだね。ところで今，りんごの木で困っていることあるの？
> てる：（手を挙げて）ある。
> 青山：どんなことで困ってるの？
> てる：（泣き出しながら）おれのなまえは，てるなのにさぁ，てるなのに，かずとしが「でる，でる」っていう。
> 青山：そうか，それはいやだね。てるくんって立派な名前があるのにね。そのいやな気持ちをかずとしに言った？
> てる：いえない。
> 青山：一緒に行くからさ，今かずとしに言ってみたら？

　てるくんのちょうど反対側にかずとしくんが座っていた。てるくんは私と手をつないで，かずとしくんの前まで，ゆっくり歩いていった。

> てる：（消え入りそうな声で）もう，「でる」って，いわないで。
> かずとし：（目をおどおどさせ，下を向いて）い，いいよ。

　てるくんは，顔中で笑いながら胸を張って自分の席に戻った。すると，あゆむくんが，さっと手を挙げた。

> あゆむ：おれもさぁ，おれも，てるのこと「でる」って，いってた。
> 青山：そうなの？
> あゆむ：（うなずく）

てる：そうだよ，あゆむもいってた。

青山：てるくん，じゃ，あゆむにも，もう言わないでって，今言いに
　　　行く？

てるくんはまた私と手をつないで，今度は，あゆむくんの前へ行った。

てる：(大声で) もう，「でる」っていうなっ！

あゆむ：いいよ。

あゆむくんにも言えた，てるくん。後ろに倒れそうなほど，胸を張っ
て自分の席にひきあげた。

ミーティング後，てるくんがぼくのところにきて，しきりに人差し指
で，自分の顔を指して見せる。鼻の穴が広がり，目がギラギラ。

青山：うん，強くなったって顔してるよ。かっこよかったよ。

てる：おれ，1番組になって，あおくん（青山）くらいおおきくなっ
　　　たら，きっと，かずとしにも，つよくいえるとおもう。

〈コメント〉
　しばしば予期せぬことが起きる，ミーティング。気持ちを言えた後，
てるくんは，さなぎが羽化したかのように自信に満ちあふれていた。か
らかったことを，あゆむくんが自ら告げたことも驚きだった。
　面と向かっては言えなくても，ミーティングという公の場であるから
こそ，言える本音がある。自分の気持ちを相手に伝え，相手の存在を感
じ取り，子どもたちは仲間になっていく。

（青山）

4 きげん（「話す」）
——本音を言えたことで，毎日通う場所が自分の居場所になっていく

　そうちゃんの声がトイレのほうからする。なんだか，機嫌が悪そう。
「そうちゃん，どうしたんだろ？」「きげんわるそう」と，子どもたち。
「朝，りんごに来たときは？」と聞いてみると，「きげんよかったよ」と，
かんたくん。

青山：そうちゃん，どうして，機嫌悪くなっちゃったかな？
子どもたち：おなか，すいたんじゃない？
　　　　　みずあそびしたいのかな。
　　　　　あつまるのが，いやなんだよ。
　　　　　あそびにいきたいのかも。
　　　　　ねむいのかな？

　そうちゃんは，自分の気持ちを言葉では，あまり言わない。でも，そうちゃんの声を聞けば，そうちゃんが今，嬉しいのか，いやな気持ちなのか，毎日一緒にいる子どもたちには分かる。そうちゃんが，水遊びが大好きなことも，お弁当を食べるのが大好きなことも，知っている。集まるのがちょっと退屈なことも，自分にも心当たりがあるので分かる。

青山：みんなも，機嫌悪くなるときある？
まひろ：テレビみたいのに，ごはんになって，けされたとき。
かんた：(テレビを) とめておいたのに，トイレいってかえってきたら，うごいていたとき。
しげる：(Wii) ゲームやったあと，なんだかねむくなる。
りゅうせい：おかあさんに，おこられたとき。
青山：そういえば，この前，ほたかも機嫌悪かったよね。帰りのとき。

　2日前のこと，ほたかくんが，ひっくり返って怒ったときのことをもち出した。その日，お母さんが車で迎えにくると，ほたかくんは泣きわめきながら怒り出した。
　「あるいてきてって，いったのに！」
　「でも，あなたが車で来てって，言ったんでしょう。それとも，お母さんがまちがえちゃったかしら？」お母さんも困り顔。
　「おかあさんが，まちがえたんだ！　あるいてきてほしかった！」
　ほたかくんはリュックを投げたり，叫んだり，道の真ん中で大暴れ。
　結局，その日は泣き続けるほたかくんを車に押しこむようにして帰ったのだが，ほたかくんのお母さんが次の日そっと教えてくれた。
　「帰ってからね, ほたかが，今日は悲しいことがあったって言うんです。折り紙を袋に詰めて，みんなにプレゼントしようって思っていたのに，ぜんぜん貰ってくれなかったって。『いらない』って言われて, 悲しかったって。悲しいことがあったから，お母さんの膝で甘えたかった。でも

車だとお母さんは運転しなくちゃいけないから，膝に乗れない。だから
いやだったんだって。それで帰りにあんなことになっちゃったんだと思
います」

　私は，このときの気持ちを，ほたかくん自身から聞いてみたくて，水
を向けてみたのだった。

　ほたか：いやだったの。おりがみ，あげようとおもったのに，ふたり
　　　　　しか，もらってくれなかったから，いやだったの。

　ほたかくんが，袋に詰めてきた折り紙をもち出して，みんなに見ても
らった。そして，そのときの様子を実際にやってみることにした。

　青山：ほたかくんが，この折り紙をあげよう！って思って，一昨日持っ
　　　　てきたら，「いらない」って言われたんだよね。
　ほたか：（うなずいて）うん，いやだった。

　これで，みんなにも，やっとわけが分かった。

　ことね：（申し訳なさそうに）でも，もらっていいのか，わるいのか，
　　　　　わからなかったんだよ。ほたかが，てにもっていたからさ。
　　　　　いってくれたら，わかったのに。
　中山：じゃ，やりなおしする？

　ほたかくんは，いつきくんと，しげるくんのところへまっすぐ歩いて
行った。それから，袋から折り紙を大事そうに出し，二人に2枚ずつ渡
した。みんなから「えー！　なんで，二人には2枚なの？」と声が上がる。
ほたかくんは，「じゅんばんだから！　あげるから。すわってて！」と，
みんなにも2枚ずつ渡していく。折り紙をみんなに渡していきながら，
ほたかくんの表情は，どんどん晴れやかになっていった。

〈コメント〉
　保育の中で見えなかった子どもの気持ちが，お母さんから話を聞くこ
とで，見えてくることがしばしばある。お母さんにしか言えないことや，
家に帰って，しばらく時間がたってから口に出せる思いもあるからだ。

　ほたかくんが，前日悲しい気持ちで帰ったことに，子どもも，大人も，ミーティングを通して初めて気が付いたのだった。自分でその思いを言えて，「やりなおし」ができたこと，今度はみんなが折り紙を受け取ってくれたことで，ほたかくんにとって，りんごの木がまた一歩，自分の場所になった。嬉しい。悲しい。怒っている。思いを打ち明け，受け止めてもらえることで，毎日来る場所が，自分の居場所になっていく。

（青山）

本　音

　あなたは本音をもっていますか？　常識，周りの人の評価，わがままと言われないか，周りの人が不快ではないか，迷惑ではないかと気にしながら生きることが習性になっていませんか？

　1歳児を育てている親でさえ，周囲のまなざしを気にしています。人の物を取りそうになると，ストップをかけて「ごめんなさい」と立ち入ります。子どもがほかの子のもっている物に興味をもち近づいていくと「かしては？」「どうぞでしょ」を強要します。子どもの気持ちより大人の価値観，つきあい方が優先されています。モグラたたきのように行動を規制されていきます。自我の強い子は「悪い子」と評価され，大人の言うことを聞く子を「いい子」とほめるのです。すでに1歳児から本音ではなく，周りの大人の顔色を見ながら生きていくことを強要されている時代。本音で育つのがむずかしい大人社会なのです。

　その延長線上にあなたはいませんか？　本音とは，自分の感性，自分の興味，自分の考えをもつための根っこのようなものです。

（柴田）

---

5 となりにすわって！（「会話する〜やりとりする」）
── 子どもから話したいことが出され，子ども同士でやりとりが始まる

　りんごの木のミーティングは，車座に椅子を並べて始まる。話し合いに入る前に，その座る場所のことでけんかが起こることもしばしば。この日も，私が話し始めようとすると，さっと，とあくんが手を挙げた。

　とあ：ちょっと，いいたいことがある。
　青山：はい，どうぞ，とあくん。

とあ：あのさー。さとくんが，いますぐ，となりにこないなら，だいっきらいになる。

　青山：ん？　どういうこと？

　よく見ると，とあくんの左隣は，ぽっかり椅子一つ分空いている。それから少し離れた場所に，さとくんが座っている。さとくんの顔は今にも泣き出しそうだ。

　さとくん：そんなこといわないで！　いつもなかよく，あそんでるでしょ！

　とあ：じゃあ，いますぐとなりにきたら，いいよ。

　さとくん：でも，それは，いやなの！

　とあ：じゃあ，だいっきらいになるよ。

　話が元のところに，戻ってしまった。さとくんは，おいおい泣き始めた。とあくんは口をとがらせて，そっぽを向いている。

　よくよく聞いてみると，ミーティングの少し前に二人はけんかしたとのこと。戦いごっこをしていて，とあくんのパンチが少し強すぎて，さとくんが泣いたという。とあくんにしてみれば，さっきのパンチの分を取り返す気持ちもあったのだろうか。どうしても，さとくんに隣に座ってほしいと言う。

　さとくんのほうも，泣いてはいるものの，絶対に動かないぞという気迫のこもった目をしている。

　さとくん：ねえ，そんなこといわないで。こんど，となりにするから。

　とあ：いま！　いまじゃなきゃだめ。

　さとくん：いまは，いきたくないの。

　とあ：じゃ，だいっきらいになるよ。

　さとくん：だから，それはいやなの。

　とあ：じゃ，いま，となり。

　さとくん：それは，やだ。

　とあ：だいっきらいになる。

　何度か同じ話を繰り返した後，私が，とあくんに聞いた。

青山：とあくん，それって，さとくんに，となりにきてほしいってこと？
とあ：そういうこと。
青山：そうかぁ。
さとくん：そんないいかたじゃ，さとくん，いかないよ。

さとくんが，少し落ち着いた声で言った。

さとくん：それに，そんないいかたじゃ，わからないでしょ。
青山：じゃ，どうやって，言えばいいわけ？
さとくん：ポイントはね……ふたつある。ひとつ，もっとやさしくいうこと。もうひとつは，いつも，さとくんに，やさしくすること。あそんでいるときとかも。だいたい，とあは，いつも，いいかたがつよい。たたかいも，つよすぎる。
青山：なるほどね。だってさ，とあくん，できる？
とあ：……ちょっとならできるよ。
さとくん：それでいい。
青山：ああ，ほんと，よかったよかった。で，今日はどうするわけ？
とあ：きょうは，もういい。このままでいい。

〈コメント〉
　ミーティングは，そこに参加した子どもたち一人ひとりのための場である。保育者が答えをもって臨み，そこへ子どもたちを誘導する「授業」でもないし，無理に結論を出さなければならない「会議」でもない。
　ミーティングが本音を出せる場であることが，子どもたちに浸透していくと，とあくんのように，「いいたいことがある！」と，子どものほうから話題が提供される。そして，子どもたち同士でやりとりが始まる。保育者は話の筋道を整理はするが，結論はそれぞれに任せる。話し合いがどう進んでいくかも，毎回分からない。保育者としては，一人ひとりの子どもの声（思い）をより明確に聴き取ること。そして，ほかのみんなにも，「今，何が話し合われているのか」が分かるようにすることだけに集中している。

（青山）

本音は育ちます

　本音とは飾らない，気遣いしない，あるがままの自分です。本当は，みんなもっています。

　たとえば，「ここ料理おいしいよね」と人気のお店に行ったとします。おいしいに決まっている，だって，評判なんだからと自分にいい聞かせても，「おいしいとは思えない」と感じたらそれでいいんです。みんなと違う味覚をもっていることを恥じる必要もなければ，おいしいと思えない自分の健康状態に不安を感じなくていいのです。「私にはおいしいと思えない」それが，あなたの本音です。そこで「おいしくない」と言うと，おいしいと思っている人は眉をひそめるでしょう。それがいやなら黙っていればいいのです。面倒ですからね。でも，面倒だからおいしいことにしようというのは，自分らしさの感度を鈍らせます。

　実は子どもはその配慮ができにくく，ストレートに言ってしまうのです。だから，けんかや言い合いが頻繁に発生します。でも，そこで出すからこそ，人それぞれが違うということが分かるのです。そして自分を強く意識できるのです。本音は自分の中にしまうと，モヤシのようにだんだん存在感が萎えてしまいます。ちょっと出してみると，育ちます。安心して本音を言い合える人間関係があればあるほど自分が確立していきます。

（柴田）

6 怒っている気持ちをどうするか（「考える」）

—— 一つの話題から，自分ならどうするかを考える

　ゆうらくんと，しょうごくんで，けんかになった。公園で遊んでいる二人のところへ，隣の保育園からボールが転がってきたとのこと。ゆうらくんが，そのボールを投げて返した。ところが，しょうごくんも，ボールを投げ返したかったのだ。そこで，ゆうらくんの背中を箱でたたいたそうだ。

　　コバ：あかちゃんじゃないんだから，くちでいいなって，しょうごに
　　　　　いったんだ。
　　ゆうら：たたくほどのことじゃないでしょ。ボールは，だれがかえし
　　　　　　たって，おなじでしょ。
　　しょうご：たたくほどのことだった！
　　きみあき：だれがなげても，おなじだ。ゆうらは，（たたかれる前に）

はしって，にげればよかったのに。

ゆうら：ぼくは，あしがおそいし。

のぞみ：しょうごも，おそいよ。

青山：きっと，しょうごは，自分がボールを投げ返したかったんだよ
　　　ね。でも，物でたたくのは，なしだと思うな。

あさな：あーちゃんも，よく，パンチしようとおもわなくても，パン
　　　チでちゃうな。

りこ：あたし，おこったことない。

のぞみ：あるよ。きょうだって，くるまのなかで，「ちょっと，どい
　　　て」って，あたしがいったら，りこ，おこったよ。どいて
　　　くれなかったじゃん。

りこ：あれは，おこってないよ。おこってないけど，どくのはいや
　　　だったの。

おったん：おこったことないな。

さき：さきも，ない。

青山：自分はすぐ怒っちゃうなぁ，という人？

（自己申告）　しずく，あめり，コバ，コマ。

青山：かいくんが，怒ったところ見たことある人？

子どもたち：なーい。

青山：じゃ，のぶりんは？

子どもたち：ある，ある。

のぶりん：きょうね，ゆうらと，しょうごと，いっしょに砂で山をつ
　　　くっていたのを，こわされておこった。あーちゃんと，は
　　　なちゃんと，あめりちゃんに。

あさな：だって，すなばに，だれもいなかったんだもん。だから，
　　　こわしても，いいとおもったんだよ。だれもいなかったんだ
　　　から，わかるわけないじゃん。

青山：そうか。のぶりんは，まだ怒っているの？

のぶりん：おこってる。

青山：その怒っている気持ちはどうするの？

のぞみ：すてちゃうの？

青山：けんかして，相手にぶつける？　すてちゃう？　なくなるのを
　　　待つ？

のぶりん：なくなるのをまつ。けんかはしなくていい。

青山：はなちゃんは？

はな：おこっているけど，けんかするほどじゃない（あーちゃん，あめりちゃんも，同意見）

青山：今，怒っていることがある人？

ゆきぼう：きょうちゃんと，ちょっとまえに，けんかしたことをいまもおこっている。

きょうた：さっき，しーちゃんとけんかした。

きみあき：二年前，しょうりとおれとひなたとけんかしたのね。すっごいながいけんかでさ，しょうりとおれがないて，まだすっきりしない。

しずく：さくとの，けんか。

ゆうら：おとうとが，かおをひっかいた。

のぞみ：さーちゃんと，ゆきちゃんとけんかした。なんにもしないのにたたくから，やりかえしたの。でもすっきりしない。あーもう！ もういちど，けんかするか，なかなおりしたい。

青山：胸の中にのこっちゃった，怒っている気持ちをどうしたらいい？ 自分ならどうする？

りこ：あやまる。

おったん：じーっとしていて，しばらくしたら，そのひとのところにいって，やさしくする。

ゆうき：たのしいことして，わすれる。

あさな：お笑いみたいな，たのしいことしてわすれる。

コマ：ともだちか，おかあさんにイヤなきもちをいう。

コバ：りんごのおとなをよんで，そうだんする。

ゆきぼう：またけんかする。

こうちゃん：けんかしてもっとつよくして，それでゆうらをぶっとばす。

ゆうら：おかあさんにあまえる，そうするとわすれる。

なおき：ほかのひととあそぶ。

コマ：かえって，ねて，つぎのひは，わらってる。

〈コメント〉

　気持ちはすぐに変えられない，子どもたちはそのことを日々の経験を通して，まさに身にしみて知っている。子どもたちの経験知は柔軟で，深い。もて余した気持ちをどうするか，十人十色の対処方法。その言葉の背景に，子どもたち一人ひとりが思い思いに生きている日々を感じる。

（青山）

7 やりかえす？（「意見を出す」）
　——ある状況に対して，自分の考えを意見として，話し合いの場に出す

　いっこうくんが，りんごの木に今日は来たくないとのこと。「りんごで，いやなことがある」から。

　名前を呼ぶときに，そのことに軽く触れる。いっこうの「いやなこと」って思い当たる人いる？　と子どもたちに聞いてみる。

　みちお：おいかけられてるのが，いやなのかな。

　おん：やつあたりしたからかな，おれが。

　青山：いっこうのことは，いっこうに聞いたほうがいいよね。それで，
　　　　いっこうが，自分で言えるといいね。

　りゅうせい：電話できいてみたら？

　それで，いっこうくんの家に，電話をかけてみた。発案者のりゅうせいくんが，電話をかけるが，あいにく留守。

　青山：みんなさ，りんごの木でいやなことって，あるの？

　そうすけ：ほたかに，ぶたれたり，ふまれたりする。

　青山：それで，いやなんだね。いやなときは，どうしてるの？

　そうすけ：そのときは，ほたかをおこる。ごめんねって，いってほし
　　　　いし，それで，おわりにする。おれは，「ごめん」で，お
　　　　わりにしたいんだよ。

　青山：そうすけみたいに，「ごめんね」でおわりにする。「ごめん」が，
　　　　なくちゃ終わりにできないって人？

　子どもたち：やられたぶん，やりかえすな。
　　　　　　　そしたら，ばいがえしだな。
　　　　　　　いやなきもち，すてる。
　　　　　　　なく。

　そうすけ：やられたときに，けんかしなかったら，かえってからも，
　　　　（こころが）ぐちゃぐちゃするから，つぎのひに，だす。け
　　　　んかする。

　青山：いっこうも，どれかできるといいね。ゆうきは？

　ゆうき：やりかえす……でもやっぱりできない。

　子どもたち：かわりのひとに，やってもらえば？

　　　　　　　　そんなことしたら，ぜったい，なかす。

ゆうき：なくの，きらい。いきも，できなくなる。たたくのも，きらい。

ゆいか：（やられたら）「ちょっと，まって」って，いったら？

ゆうき：「だいっきらい」っていう。

しげる：キックは？

ゆうき：サッカーならいいけど。

青山：この中で，いっこうの気持ちが一番わかるの，ゆうきかもね。

　ゆうきくんも，いっこうくんと同じように，集団の中で自分の気持ちを出せずにいる場面を，私はたびたび目にしていた。その気持ちを，ミーティングの中で掘り起こそうと何度か試みてきたが，自分に焦点が当てられると，ゆうきくんの口は重たくなる。そこで，同じような気持ちを抱えているかもしれない，いっこうくんの話題から，ゆうきくんの気持ちを聞いてみたかった。

ゆうき：まえに，いっこうとね，「ばかごっこ」やったよ。ばかっていったら，にげる。……いやなことがあったときは，おうちに，いることにする。

かんた：それは，いや。それなら（ゆうきが来なくなるなら），たたくの，やめる。

りゅうせい：てが，でちゃうんだよ。やめるきもちは，あるんだけどさ。

そうすけ：そういうの，「ちょっかい」っていうの。

りゅうせい：やらないように，きをつければ。

かんた：また（ゆうきに）でんわする。

おんちゃん：ゆうきのいえまで，いく。むかえにいく。

ゆうき：いっしょにあそんだら，おわる。けんかもおわる。

　ミーティングが終わって，私が紙芝居を読もうとしていると，ゆうきくんがやってきて，小声で言った。「ほっとけばいい」。

　ミーティングが終わった後に，子どもたちが意見や，思いを伝えてくれることはしばしばある。さっきは，ああ言ったけど，やっぱり……と考え直した思いもあるし，みんなの前では言えなかった気持ちのときも。

〈コメント〉

　話し合いの場で，口の重たい子というのは必ずいる。そうした口の重

たい子も，他者の話題を切り口にしてなら，「共感」を通して自分の気持ちを言えることが往々にしてある。

　自分の気持ちを出すことで，周りの仲間から意見が出る。その様々な意見の中で，どれが正しいかではなく，自分はどう思うか，自分はどれならできるかを，一人ひとりが考える。誰かから見た正しい答えではなく，大切なのは自分の本音。そして，その本音はもちろん一人ひとり違っていい，違って当たり前なのだ。

（青山）

子どももあります本音と建前

　子どもは大人がどう考えているのか，何を望んでいるのかに敏感です。自分一人では生きていけない，保護が必要な子どもたちは弱者です。親や先生には嫌われたくない，捨てられたくないという無意識の危機感をもっているのです。ですから大人は口にしなくても，その顔色から行動などで，大人の気持ちに対して察しがつくのです。

　「どういう子がいい子なの？」と聞くと，「怒鳴らない子，けんかしない子，小さい子にやさしい子，ちゃんと片づける子……」と，つらつらと出てきます。驚きました。だって，これって，大人の言う“いい子”が，たった4歳にしてたたき込まれているということです。「いい子になりたい？」と聞くと，けなげにも「うん」と言います。「で，いい子にできるの？」と聞くと，「それができないんだよ」と返ってきました。これが本音。

　あらゆるところで，正しいと思われる建前を子どもは知っています。ですから，先生が建前を要求していると，それに応えてくれてしまいます。すると，ミーティングは成立しません。いえ，先生の無言に導く方向へと進んでいくだけです。そこに本音の声や刺激のし合いや発見は生まれません。本音を出し合えるというのは，そこにいる保育者が，ありのままを受けとめるという雰囲気を出すことが必須です。よい悪いの評価をしない。自分の内面にある子ども心で，子どもの気持ちに耳を傾けるということでしょうか。

（柴田）

---

8 でんしゃごっこ（「考え合う，話し合う〜遊びの発展」）
── 仲間と共に話し合う中で，遊びの発想を広げていく

　子どもたちの話し合いは，しかめつらしい話ばかりをしているわけで

はない。楽しいおしゃべりに花が咲くときもあるし，遊びのことをみんなでわいわい話し合うときもある。この日も，話し合いの中で，みんなで「電車ごっこ」をやりたいと盛り上がった。

「でんしゃごっこなら，えき，つくらなくちゃ」

「じゃ，かいさつが，いるよ。キップいれて，でてくるところ」

「キップも，つくらなくちゃね」

「キップをかう，きかいもいるよ」

「Suicaも，ほしい」

「おかねも，いるね！」

「ちょっとまって」さとくんが言った。

「どうやってキップだすの？　かいさつから。あれ，きかいだよ。つくれるかな……」

さとくんは首をかしげて考え込んでいる。みんなも，しーんとした。

さとくん：わかった！　ハコとか，ダンボールのなかに，だれかがはいっていて，おきゃくさんがキップをいれたら，さっと，はんたいがわからだすのは？

子どもたち：へぇー！

さとくん：でも，おなじキップが，でてきちゃダメだよな（首をかしげながら）でてきたキップには，あなが，あいてるよ。

子どもたち：そうそう！

けんじ：じゃ，あながあいたのを，よういしておいて，うけとったら，あなのあいたヤツを，さっと，だす。

さとくん：それ，いいね！

しゅうが：でんしゃもあるなら，バスもつくりたい。

青山：どうやって？

しゅうが：おっきないたにタイヤをつけて，はしらせる。

子どもたち：あー，ひもとかつけて，なんにんかで，ひっぱれば？
　　　　　　ぼくは，しんかんせんがいいな。
　　　　　　せんろは？　せんろがないと，でんしゃって，はしらないよ。
　　　　　　せんろのしたは，きが，なんこもあるよ。
　　　　　　えき，みにいこうよ。

　そこで，さっそく，みんなで駅を見に行くことになった。
「えきのなかに，アクセサリーやさんがあるよ」
「ほんやさんも」
「えきのかんばんって，でんしゃのマークがかいてあるんだ」
「でんしゃのちずだよ，これ。いま，いるところってどこだろう」

おんちゃん：あっ！　ぼうはんカメラだ！　うつってるかな。
しゅうが：うつってるよ。でも，あんまりうつりすぎると，けいさ
　　　　　つに，はんにんだとおもわれて，たいほされるよ。
子どもたち：キップをうる，きかいって，ひとのマークがかいてある。
　　　　　　あかはこども，くろはおとな，だな。
　　　　　　ほんものの，キップほしいな。
　　　　　　えきいんさんに，くださいって，きいてみようよ。
さとくん：かいさつのとおれるところは，やじるしマーク，とおれな
　　　　　いところは，バッテンマークだね。
けんじ：Suicaをタッチするところは，あおくひかってるよ。
青山：駅員さん，切符はくれないってさ。どうしたの？　あいりちゃ
　　　ん，もぞもぞして。おしっこ？
あいり：はやく，でんしゃごっこ，したくなっちゃった！

　みんなが走って帰った後に，さとくんが一人，改札を見つめている。
じーっと，改札を見つめて，何か考えているようだ。

〈コメント〉
　子どもの発想や遊びは，「足し算」で広がっていく。どこへどんなふ
うに広がっていくかは，わからない。その奔放に広がっていくさまを，
少し離れて見守っているのは，本当におもしろい。子どもに任せて大丈
夫かな？　めちゃくちゃにならないかな？　と思われるかもしれない
が，案外，大丈夫。それに，子どもたちは大人の既成概念にとらわれな
い，やわらかな発想をもっている。その発想に乗っかっていくと，遊び
は豊かに広がっていく。遊びのイメージは生きている。もちろん，子ど
もたちが自分たちで考えるからこそ。

（青山）

9 チラシ（「考え合う，話し合う〜トラブルの解決」）
——トラブルをみんなで考え合い，自分の気持ち，仲間の気持ちを感じる

　まりちゃん，こっちゃん，あいりちゃんたちで，コンサートをやろうと盛り上がった。ピアノを弾く人，鈴を鳴らす人，バケツにガムテープを貼った太鼓をたたく人。

　こっちゃんは，コンサートを知らせるために，チラシを3枚つくった。みんなが歌っている絵が描いてある。コンサートごっこのたびに，ステージ上の跳び箱や椅子に貼った。

　そのチラシを見ていた，まりちゃん。ある日チラシを1枚つくった。こっちゃんのより，少し大きくて，厚い紙で。

　自分のチラシができあがると，まりちゃんは言った。「こっちゃんのは，もう，つかわない」。こっちゃんのチラシは，紙が薄いので，破れてしまう。だから自分のチラシを使う，と。

　せっかくつくったチラシを「いらない」と言われ，こっちゃんは大声で泣いた。その様子を見て，まりちゃんは，むっと黙りこんだ。保育者が語りかけても，黙り続ける。こっちゃんは，大声で泣き，保育者に気持ちを聞いてもらい，だんだんすっきりした表情になっていった。でも，黙っている，まりちゃんのことも気になる。結局，昼前，みんなで集まるときまで，まりちゃんは黙ったままだった。

　　中山：それで，けんかになって，困ってたの。まりちゃんは，こっ
　　　　　ちゃんのチラシは，うすくて破れやすいから，使わない。ま
　　　　　りちゃんのほうがいいって。
　　　　　こっちゃんは，そんなこと言われたら，コンサートやりたくな
　　　　　くなるって，泣いたのね。
　　そうすけ：ふわふわのかみに，かたいかみを，はったら？
　　みちお：うすいかみを，どんどんかさねたら？
　　かんた：やわらかいかみに，もういちまい，はる。
　　りゅうせい：コピーでふやして，かさねれば？
　　しげる：ウチに，かたいかみあるかも。もってきてさ……。
　　　　　りんごの，かたいかみで，かきなおせば？
　　りゅうせい：おなじように，かけないんじゃないの？
　　いっこう：かたいかみにはって，あしたになるまで，とっておく。
　　いつき：おこればいいんじゃない？　こっちゃんが，まりかに。

中山：まりかの気持ちは，わかる？

子どもたち：どっちのきもちも，わかるよ。

みちお：なんで，まりかは，そんなにぼんやりした，かおしてるの？

いつき：ごめんね，だとおもう。たぶん，ごめんね，なんじゃない？

まりか：ちがう。

青山：じゃ，どんな気持ち？

まりか：……。

中山：こっちゃんは，自分の気持ちを言えたから，すっきりした表情してるんじゃないかな。

こっちゃん：こっちゃんだって，なくなってない。

みちお：チラシをやめる。どっちも。

そうすけ：じゃあ，こっちゃんのチラシが，あかりんごで，まりかのが，あおりんご。

青山：別々の部屋に貼るってこと？

そうすけ：そうそう。

かんた：こっちゃんと，まりかが，あかと，あおに，わかれたら？

青山：別々のグループになるの？　こっちゃんと，まりちゃんが。

かんた：そうそう，べつべつのグループにわかれる。

こっちゃん：(泣き出しながら) ほんとは，なかよしだからさぁ……。

青山：それは，いやなの？

こっちゃん：うん。

青山：まりちゃんは？

まりか：(首を横に振る)

今まで話し合いで出たアイディアを，紙に書き出してみた。

青山：こっちゃんと，まりちゃんさ，いろいろ考えが出たけど，この中で，これ，やってみようかなというものがある？

こっちゃん：(すっきりした表情で) チラシ，やめる。……(しばし沈黙) ……やっぱり，あかと，あおで，わけて，はる。

まりか：あかと，あおに，わけて，はる。

中山：あ，まりちゃんの表情，かわったね。いい表情になったね。

〈コメント〉

　「やめる」と言ったときの，こっちゃんの晴れやかな表情が，私には

何とも不思議だった，どうして，こっちゃんは，「やめる」を選んだのだろう。どうして，そのとき，あんなに晴れやかな表情だったのだろう。まちがいなく，あの「やめる」が，このミーティングの肝だと感じていたのだが，私にはその表情の意味が，今ひとつ分からなかった。

数日後の帰り道，突然ひらめいた。そうか，こっちゃんは「やめる」と言うことで，チラシよりも，まりかを選んだのだ，と。

自分が丁寧に書いたチラシ。大事に大事に貼っていたチラシ。それを「いらない」と言われ，悲しいやら，腹が立つやら。だけど，もういい。まりかと別れ別れになるくらいなら，チラシ，やめてもいいよ。そんなふうに腹をくくった，晴れやかさだったのではないだろうか。

こっちゃんのそんな気持ちを感じたからこそ，まりかも，こっちゃんの選んだ方法（「べつべつの部屋に貼る」）に，乗っかれたのではないか。

子どものけんかは，しなやか。自分のありったけを，ぶつけられる相手だからこそ，とことんけんかする。自分のありったけをぶつけるからこそ，相手の気持ちも見えてくる。そして，そのけんかの一部始終をみんなが見守っている。どこで，どんなふうに気持ちが違って，けんかになっちゃったのか。じゃあ，どうしたらいいのか。みんなで考え合って，仲間になっていく。

（青山）

 ## 第4節 ミーティングを通して育つもの

1 実践を通して見えてきたこと

「集まるよー」の声かけで，子どもたちは椅子をもってやってくる。全員で丸くなったときのこと。こうくんがふざけた表情でうろついていた。すると，ひろくんがこうくんに近づいていき，その肩に触れた。「すわりな」という気持ちだったのだろう。ところが，こうくんが怒り始め「なんだよー」と，ひろくんの肩を強く押した。ここで取っ組み合いのけんかになるのが常だが，ひろくんは後ずさりして，ピースマークのような笑顔になったのだ。

私は，カッカしているこうくんを「まあ，まあ」と制して座らせた。ひろくんにも座ってもらった。全員がこの光景を見ていた。何しろ丸くなった真ん中で展開されたのだから。そこで，こう問いかけてみた。

「ひろくんの顔みた？　あれはどう思っているのかな？」

すかさず，たかちゃんが言った。「こまったなぁと　おもってるんだよ」「そうそう」と数人が答える。ひろくんに「困ったなぁと思っているの？」と聞くと，「うん」と涙顔でうなずいた。こうくんは驚いていた。

ひろくんが，困ったときになってしまう表情。その表情を知っている子が，その意味を口にしてくれたことで，ひろくんはホッとしたことだろう。「分かってくれている人がいる」と。

知らなかった子は「そうなんだ。そういう子なんだ」と理解を深めたのだ。「そういうときは，いやだって言わないと分かんないよ」と大人の大半は言うが，子どもたちはよいとか悪いとか，分かるとか分からないとかいうのではなく，言葉以前のその子を受け入れているのである。そのことを言葉にすることで，クラスの全員が彼の特徴を共通理解することになったのだ。

ひろくんはいつも，取っ組み合いのけんかはしない。でも気持ちがスッキリしていないのは，見て分かった。そこで「けんかはいやなんだね。相撲なら思いっきり戦える？」と聞くと，「うん」とのこと。

みんなが座っている真ん中に，土俵を描いた。こうくんとひろくんとの対決。「はっけよーい　のこった！」で，組みついた。顔を真っ赤にして，いい勝負。結果は，こうくんの勝ち。ひろくんは負けてしまったが，さっきのピースマークの笑顔は消えて，さわやかな表情に戻った。

日常の保育でミーティングを行うようになって，20年以上たつ。初めからうまくいったわけではないが，日々積み重ねることによって，子どもと保育者とでその時間・空気をつくってきたように思う。大人からの一方的なメッセージの場でもなければ，子どもの言いたい放題の場でもない。それぞれの本音を出し合える場となってきた。公明正大な場とでも言おうか，そこで話したことは，後に引きずって後ぐされが残ることはない。自分の言葉を発し，人の声を聞き，互いに受け止め合い，考え合う場となっていく。そういう場があることで，互いをより知ることになり，信頼できる仲間に育ってきたように思う。

ミーティングは，人が人を信頼し，関係をもって生きていくという，基本的な根っこを育てると同時に，それぞれの「個」が育ち合うために有効な方法であることを，より一層感じる次第である。

（柴田）

2 ミーティングの意義

　以上のことから見えてきた，子ども同士のミーティングを行うことによって経験することの意義についてまとめたい。

▶ 聞く（聴く）こと

　子どもにとって他者の言葉を聞く（聴く）ということは大切な経験である。もちろん，好きな遊びに取り組む中にもその経験はたくさんあるが，その場では何となく流されてしまうことも多い。集まった場を通して友達の思いを聞くことで，その子の心の声を聴くことにつながることも大きい。聞くことは，他者の思いを聴き，感じ，考え，他者とのつながりにもなる重要な経験である。

▶ 話すこと

　ミーティングの場は，自分の思いを話す場にもなっている。いつも自分の思いを話したい子もいるが，引っ込み思案で話すことが得意ではない子どももいる。この場では基本的に無理強いされることはないが，黙ってはいられない思いに駆られる場ともなる。ミーティングの場を重ねることは，このような子が，自分の思いを表現することにつながる経験にもなる。また，話すことは，他者に語ることでもある。どのように伝えることが他者によりよく伝わるのか，という経験の場にもなりうる。話す場を重ねる中で，単に自分の思いを話すだけでなく，他者の思いに気持ちを寄せながら語ることにもなる。つまり，他者の言葉を受け止めてから，話すという経験である。

▶ 考えること

　他者の言葉を聞くこと，語ることの経験は，「考えること」にもつながる。生活の中では解決することがむずかしい問題がたくさんある。みんなの意見がまとまらず，分かれてしまうこともある。つらい思いをしている友達にどうしてあげることが，その子にとって一番望ましい関わりか等を真剣に考える経験につながる。つまり，考えることは，よりよい解決方法を考えることでもあり，他者の思いに寄り添う（共感しようとする）ことにつながることで，とても重要である。

▶ 情報の共有

　ミーティングの場は，ほかの子どもの思いを知る場であるばかりではなく，ほかの子が興味をもって行っている遊びを知る機会にもなる。そうした他者の情報を知ることで，自分もやってみようという刺激にもなりうる。自分の世界のみならず，他者の世界を知る重要な場となっているのである。

▶ アクションを起こすこと

　そして，語ること，聞くこと，考えることは，次の具体的なアクションを生み出す。つまり，ミーティングの場を通して，それが次の遊びにつながったり，人間関係の変化につながる等，新たな創造へとつながるのである。こうしたよりよい次の一歩につながる場として，語る場が重要なのである。

（大豆生田）

① 子ども同士のミーティング（語り合う場）があることにはどのような意味があるか，例を挙げて書き出そう。

② 子どもの語り合う場を豊かにするために，保育者にはどのような工夫が必要だろうか。例を挙げて書き出そう。

 **参考図書**

◎ 柴田愛子・青山誠『子どもたちのミーティング──りんごの木の保育実践から』りんごの木，2011 年

第5章

文字に対する
興味関心をもつ経験

文字は，私たちの生活の中で身近に存在する。そのため，乳幼児は育つ過程において知らず知らずに文字を目にしていることになる。身の周りにある文字を「文字環境」として教育的にとらえ，保育者は乳幼児の発達段階に見合った興味関心に丁寧に応えていくことが望ましい。文字への興味関心は，「目に見えやすい」こととして，とかく早く獲得することや読み書きだけに焦点をおいてしまいがちである。しかし遊びを通して文字の果たす役割を学んでいくことに意義がある。「書く」ことは自分の思いやイメージを伝える表現方法の一つであることを理解し，やがて「書きたい」気持ちが育つような経験が重要である。また，文字を書く過程にある子どもたちには，筆記具の正しいもち方も念頭におきたい。

 第1節　幼稚園教育要領等に見る文字の取り扱いについて

　幼稚園教育要領における文字についての記述は，領域「言葉」だけでなく，「環境」でもとりあげられている。以下，幼稚園教育要領の文字に関する記述について，原文を記す。

　なお，保育所保育指針，幼保連携型認定こども園教育・保育要領における1歳以上3歳未満児（教育・保育要領では満1歳以上満3歳未満の園児）の保育に関わるねらい及び内容には，領域「環境」「言葉」ともに文字に関する記述は見られない。

幼稚園教育要領　第2章　ねらい及び内容

言葉
　2　内容
　　⑽日常生活の中で，文字などで伝える楽しさを味わう。
　3　内容の取扱い
　　⑸幼児が日常生活の中で，文字などを使いながら思ったことや考えたことを伝える喜びや楽しさを味わい，文字に対する興味や関心をもつようにすること。

> 環境
> 1　ねらい
> 　⑶身近な事象を見たり，考えたり，扱ったりする中で，物の性質や数量，文字
> 　　などに対する感覚を豊かにする。
> 2　内容
> 　⑽日常生活の中で簡単な標識や文字などに関心をもつ。
> 3　内容の取扱い
> 　⑸数量や文字などに関しては，日常生活の中で幼児自身の必要感に基づく体験
> 　　を大切にし，数量や文字などに関する興味や関心，感覚が養われるようにす
> 　　ること。

　「言葉」においても「環境」においても，文字については日常生活の中で興味や関心をもつことに主眼がおかれ，読めることや書けることを目的としていないことに着目したい。文字の役割を正しく認識し，子どもの日常生活においても，文字によって思いや考えを伝達する喜びや楽しさを感じ，味わうことに意味があるとしている。つまり，友達との関わりを深めることや，遊びそのものが文字を使うことによって発展していくのを体験することが大事であるといえよう。

　「環境」では，標識や文字の役割をとらえ，文字に親しめるような環境を整えることが必要であるとしている。

　上記を踏まえ，それぞれの園の実情に合わせて，子どもの主体性を引き出せるような指導をしていくことが望ましい。

第2節　文字のある風景

1　生活の中で子どもの目に触れる文字

　私たちは生活の中でどれほどの文字に囲まれているだろうか。家庭の中だけでも，生活に欠かせなくなっているメールやインターネットに始まり，新聞，テレビでもテロップの表示が通常化している。家庭電化製品にはメーカー名がロゴで記されており，書籍はもちろんのこと，手紙や広告，包装紙にも文字がある。

　一歩外へ出てみれば，表札，住所表示，看板，町内地図，公園には公園名だけでなく，開門閉門時間や遊び方の表示がされている。買い物をすれば製品の名前や産地，価格が表示されている。私たちは文字と共生していることに気付かされる。

それでは，文字は何のために存在し，生活の中にあふれているのであろうか。それは伝達手段の一つとして，発信者からは情報を知らせるものであり，受信者にとっては情報を得るものにほかならない。看板のように広く不特定多数の相手に存在を知らせるものから，食品の表示，原材料や賞味期限等，品物を手にした人に必要とする情報提供がされるものがある。また，新聞や書籍のように，手にした人が情報や知識を得るため，物語や趣味の世界を楽しむためのものでもある。手紙やメール等のように，情報の表示だけでなく，心情をつづる等の私的な役割ももっている。

　現代の子どもたちは，文字だけでなく音も加わって，情報があふれた生活環境の中にある。保育者は，乳幼児が発達に見合った文字への興味関心を示せるような配慮をしていきたい。

エピソード1　Sくんの関心

　3歳児クラスに入園したSくんは母子分離がむずかしく，しばらくは母親と一緒に登園していた。子どもと一緒にいることで母親は園の生活が分かって安心し，Sくんが泣いても預けていくようになった。やがて，Sくんは園に着いたら母親から担任保育者に信頼の対象を切り替えていくようにはなったが，保育者から離れて遊ぶことはせず，言葉を発することもほとんどなかった。

　家庭にあるおもちゃと同様のものを園で見つけ，安心して遊べるようになっていくのは入園当初はよくあることであるが，Sくんはおもちゃにはあまり関心をもたなかった。ところが，ある日，担任保育者と職員室に入ったときに見つけたものがきっかけとなり，Sくんはどんどん話すようになった。電池を見つけたのである。電池そのものに興味があったのではなく，電池にあるロゴが興味の対象であった。保育者も身の周りにあるロゴを提示して会話を楽しむようにした。興味のあることが分かるとコミュニケーションがとりやすくなり，会話も弾むようになった。周りの子どもたちもSくんが話すようになったのを聞いて，少しずつ仲間として認識していった。

　おもしろかったのは，大便をするときに「TOTOでする」と言ってトイレに行き，用を足しながら「Sくんの家はINAXなの」と，今まで子どもとしたことがなかったような会話をしたことである。同時に，子どもの興味関心の幅広さを感じた。

　（後日談）秋になる頃には友達と遊ぶことが嬉しくて，保育者から離

れられるようになっていた。砂場で遊ぶＳくんに近づくと「先生，もう死んでいいよ」と言われてしまった。唐突で驚いたが，Ｓくんの自立宣言であったと受け取っている。

　エピソード１を通して学んだことは，乳幼児は子ども向けのおもちゃに限らず，「生活の中に自分の興味関心のもてる対象を見つけている」という事実である。電池の一件をＳくんの母親に伝えたところ，「そうなんです。何だか変なものが好きで」という返事であった。母親は園に伝えるようなことではないと思っていたようであるが，子どもとの接点を探し，それをきっかけに早く安心して園で過ごしてほしいと願う保育者には必要な情報であった。子どもにとっては日常生活が何よりも大切であることを，保育者がもっと積極的に保護者に発信しなければならないことも同時に学んだエピソードである。

2　乳幼児の生活における文字との出合い

　前項では，一般的な視点から現代の乳幼児を取り巻く文字環境を見た。本項では，乳幼児が文字と触れ合うきっかけを，身近な生活の中から考える。

　赤ちゃん絵本の充実に伴い，文字のない絵本も存在するが，成長過程の中で多くの子どもたちは，親をはじめとする身近な大人に絵本を読んでもらっていることであろう。文字への興味関心に先駆けて，絵本を読んでもらうことを通して，日常会話とは少し異なる「書き言葉」を耳から聞く経験をしているといえる。同時に子ども自身が絵本を手に取り，文字の存在に触れることもあれば，文字によって物語が書かれていることを身近な大人との関わりから教えられる子どももいる。つまり，文字があるだけでなく，周りの人が文字と関わるのを見たり教えられたり等，人の援助があって初めて文字の役割を学び，本当の意味で文字と出合っていくのである。

　もう一つ，文字に関連する乳幼児の身近にあるのはおもちゃである。代表的なものには，片面に文字が大きく書かれ，もう一方にその文字を頭文字とするものの絵が描かれている文字積み木がある。積み木として遊ぶだけでなく，物の名称や文字を覚える教材として使うこともできる。

　そのほか，かるたのようなカード仕様のおもちゃや，ボタンを押すと音声と文字のプレートが出てくるタイプのおもちゃもあるが，子どもが

文字積み木で遊ぶ3歳児

自分で遊ぶには，カードめくりやボタンを押してプレートが出てくる反応を楽しむ遊び方にとどまる。「ありの**あ**」「いぬの**い**」等，周囲からの働きかけによって，身近にある文字が意味あるものとして乳幼児の興味関心をもつ対象となっていくのである。

　また，家族がペンをもって文字を書く姿は，乳幼児にとって魅力的な模倣の対象となる。初めは紙にペンで「書く」ことが目的となり，「文字らしきもの」を「書く」ことで十分に満足している。発達段階によっては文字が伝達手段であることはすでに知っており，手紙として届けてくれることもある。しかし，このような場合には「書く」行為に意味があるのであり，すぐに文字指導に結びつけるのではなく，しばらくは「書く」ことの楽しみを味わえるような関わりを心がけたい。文字に限らず，子どもの行為の意味をくみ取ることは保育者に求められる使命である。

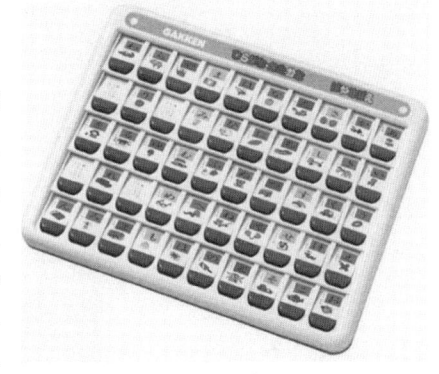

文字プレートのおもちゃ

　右の手紙2は，4歳児が家から手紙を書いてきて（手紙1）保育者に渡すのを見ていた3歳児が，翌日保育者にもってきた手紙である。文字にはなっていないが，どちらも手紙を「書いた」ことが伝わってくる。

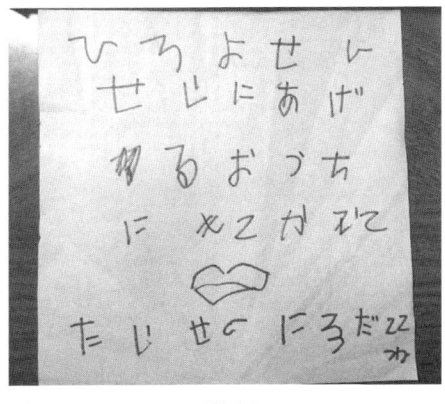

手紙1

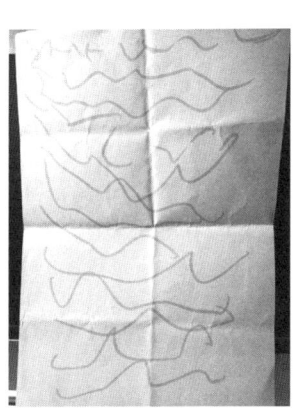

手紙2

3　園生活での文字環境

　さて，乳幼児が集団生活を始める幼稚園や保育所（以下，園とする）には具体的にどのような文字環境が用意されているのだろうか。

　入園が決まると，園にもっていくすべての物に記名をする。鞄，上靴，外靴，衣服，道具や袋類等に自分の名前が記され，集団生活の中で「自分のもち物」を認識するようになる。入園式で名札をつけてもらうと一人前になったような誇らしい様子がうかがえる。名前が記されていること，クラスの所属が明確になることで安心もする。「みんなと同じ」嬉しさも見られる。3歳以上になると，自分の名前を文字によってとらえるきっかけになる子どももいる。

　園では，靴や鞄を置く場所に名前を見つけることができる。年齢が小さいときには，文字だけでなくマークシール等を併用して物の置き場所が示される。園生活に慣れてくると友達のマークに興味を示したり，友達の名前の中に読める文字を見つけて探す姿も見られるようになる。

　おもちゃの収納場所を文字や絵によって示すことも多い。クラス名やトイレ等のプレート，カレンダー等の掲示物にも文字やマークが記される。クラスの誕生表に自分の名前が書かれていることにも徐々に気付いていく。

ひらがなで名前が記された靴箱

各クラスには誕生表が用意される。デザインは保育者の工夫による。
4月の誕生日会を迎えると，いつ自分の誕生日がくるのか待ち遠しい

　保育室には絵本が置かれている。絵本の部屋が特別に用意されている
園もある。絵本は，乳幼児が直接手にもち，目にする文字環境の一つで
もあるので，良質な絵本を備えたい。また，保育者が子どもたちに読み
聞かせた絵本は，子どもたちが何度となく手にし，自然と好きになって
いくことが多い。言葉の語呂，リズムがよいといつの間にか文章を覚え
てしまい，まるですらすらと読んでいるように絵本をめくる姿も目にす
る。保育者のように友達に読み聞かせをする子ども，覚えたての文字を
たどたどしく追っている子ども，絵をじっくり見る子どもというように，
発達段階によって絵本との関わり方にもそれぞれ個人差が見られる。
　下の写真は，3歳児7月，5歳児1月に園で見られた子どもの姿であ
る。『わにわにのおおけが』はシリーズ化された絵本の1冊で，クラス

3歳児7月，クラスで読んだ『わにわに
のおおけが』を開いて絵を味わう

5歳児1月，4歳児の頃から気になる
『なおみ』をじっくり読む

で保育者が読んだ後に，本立てに出しておいたものである。『なおみ』は写真絵本で，大人は怖く感じる人もいる不思議な絵本であるが，毎年子どもたちは好んで手にし，子どもたちを引きつける魅力がある。

　家庭とは異なる園の特性は，友達や異年齢の子どもたちがたくさんいることである。園は，保育者から教えられること以上に，友達の様々な姿を通して新しいことに次々と出合い，自分の中に取り入れていく場となる。文字との出合いや読むこと，書くことも，「やりたい」気持ちになったときに子どもは自分の現状と向き合い，取り組んでいく。

　前項で紹介した3歳児の手紙は，文字のつもりで「書く」段階であった。やがて自分の名前を読めるようになり，名前に含まれる文字をほかの場所で発見し応用していくことを覚えたり，誰かが文字を書いていることに刺激を受けて文字を書き始めたり，文字によって相手に伝達する意図をもって書くようにもなっていく。それらがすべて遊びの中で展開されているのが，園での生活なのである。

第3節 文字との関わり

1 言葉を音として意識する

　乳幼児の言葉の発達を考えるときに，言葉の獲得は，聞くことから始まる点を確認しておきたい。人間は生まれる前から聴覚の発達が確認されており，母親の心臓の鼓動や話し声等が聞こえているという。母親をはじめ身近な人たちに胎児のうちから話しかけられて，子どもたちは生まれる前から母語となる言葉を聞いて育っているわけである。「マザリーズ」といわれる少し高い声で抑揚のある語りかけによって，赤ちゃんは言葉以前の応答をしている。やがて，身近な大人とのやりとりを土台に言葉を発するようになり，言葉によって他者とのコミュニケーションが図れることを体験的に学んでいくのである。文字に興味関心をもつのは，その後の段階になる。生活の中で文字に出合い，記号のように興味をもつ子どももいれば，言葉そのものを深く味わうことを楽しみ，文字にはあまり関心がいかない子どももいる。乳幼児が文字へ興味関心をもつ時期やもち方については，大きな個人差が見られるのも特徴である。

　また，記号としての興味関心ではなく，伝達手段として文字をとらえるには，言葉を書き表したものが文字であることを認識し，文字の果た

す役割を理解する過程が必要である。その上で，文字によって伝えたいことがある場合に，子どもたちはものすごい勢いで文字の読み書きを習得していくものである。伝えたいことは，遊びの場面から発生することが多く，文字が書けることが前提で発展する遊びもある。園で見られる子どもたちと文字との関わりについては，第4節で具体的な事例を挙げて紹介していく。

日本語は，言葉の音と文字（ひらがな，カタカナ）が1対1で対応している特性をもつ。ひらがな（カタカナも同様であるが，本項ではひらがなとする）は，清音が45字，濁音（がぎぐげご等）が20字，半濁音（ぱぴぷぺぽ）が5字，撥音（ん）が1字で71字である。したがって71字を覚えてしまえば，言葉を文字にすることが可能となり，日本語は幼い子どもが文字にしやすい言語であるといえる。しかし，実際には拗音（きゃきゅきょ等），長音（こう，よう，もう等），拗長音（きゅう，きょう，しょう等），促音（きって，さっき，あっち等）があり，就学前の子どもたちが完全に読みこなし，さらに書きこなすのはむずかしい。

子どもと大人の出会いで大切なのは，挨拶と名前の呼びかけである。それが信頼関係を築く始まりといえるからである。子どもの年齢が小さければ小さいほど，大人は自然と少し高い声でゆっくり抑揚をつけて，言葉を伸ばす等して話しかけている。書き表すと「おはよう〜，Aちゃ〜ん」「Bく〜ん，ごきげんですね〜」「Cちゃん，どうしたの〜」等である。これは，「マザリーズ」「母親語」ともいわれ，大人が乳幼児に話す際に見られる特徴である。子どもも安心感をもって応答しやすく，模倣も促すため，結果的に言葉の獲得を刺激することになる。言葉のやりとりができるようになると，現物や絵本等を通して，大人は物の名前を教えたり質問したりするようになる。その延長上に文字との出合いがあり，絵本やおもちゃが媒体ともなるのである。

さて，文字を意識するようなときには特に，大人は無意識に言葉を音節に区切って子どもに語りかけ，文字を示していることに気付く。たとえば，「り，ん，ご」「い，ぬ」「ど，ん，ぐ，り」「か，た，つ，む，り」等である。これらは子どもの身近に存在するものであり，言葉と実物がイメージとして結びついているため，文字を読めるようになった子どもたちが比較的読みやすい言葉である。しかし，文字に関心を示して読めるようになっても，「りんご」の「り」と「どんぐり」の「り」，「かたつむり」の「り」が同じ「り」であることを即座に理解しているとは限らない。一定の絵や場面を通して記号としてとらえているからである。

何度も質問と回答を繰り返すうちに，子ども自身が音と文字を同一であると理解したときに初めて，「りんご」の「り」と「どんぐり」の「り」が同じことを「発見」するのである。

エピソード2 同じ（文字を見つけたよ）！

園で名札をつけるのは，子どもが自分の所属を意識する意味もある。同じ色は同じクラスであり，仲間であることが分かるようになっていく。また，文字が読めるようになると，自分の名札の文字を指差して一文字ずつ読んでいる姿も見られる。そのような段階のときに，友達の名札を一文字ずつ読み上げては，「ゆきちゃんの"ゆ"とゆりの"ゆ"はおんなじだね～」という具合になる。ゆりちゃんはゆきちゃんの名前を知っていても，それぞれの名前にある「ゆ」という音が同じ文字で表現されていることに結びついていなかったことが分かる。

保育者は「ほんとだ，同じだね」とまずは共感したい。同じ文字を見つけた喜びが「もっと"ゆ"を見つけよう」「ほかにはどんな文字があるのだろう」という，意欲につながっていくであろう。それ以上のことは保育者が直接働き掛けるのではなく，「ゆ」を含む文字の書いてあるものを保育室にさりげなく置く等，子どもが自発的に文字に関心をもてるような環境を準備する等，間接的な働きかけが望ましい。そして，「これは何という字？」「何て読むの？」「"ゆ"はどうやって書くの？」と尋ねてきたときには，時機を逃さず応えることが大切である。

2 文字を読む

文字を覚え，ある程度読めるようになると，目についた文字を読みたくなるものである。そこで子どもたちが自ら手に取りやすいのが，身近にある絵本である。園でも絵本を開いて一文字ずつ指でたどりながら文字を追っている子どもの姿を目にする。この段階にある子どもは，お話の内容よりも文字を読むことに関心が向いている。そして，分からない文字があれば「何て読むの？」と尋ねてくる。そのときには，必ずその場で答えるように心がけたい。「知りたい」「読みたい」意欲を大人の都合で立ち止まらせないためである。

子どもが読むのを聞いていると，拗音，拗長音，促音におかまいなく，「き，よ，う，は，き，し，や，に，の，り，ま，し，た。さ，つ，き，は，た，の，し，か，つ，た，で，す（きょうは，きしゃにのりました。さっきは，

たのしかったです）」と文字どおりに読んでいる。「へ」をEとHeに，「は」をWaとHaに使い分けられるようになるのは，内容や文脈を理解してからとなる。なめらかに話すことができる子どもでも，文字を読み始めの頃には話し言葉と文字とは関係なく，「文字を読む遊び」に没頭している状態である。つまり，伝達手段としての文字の役割を理解する前の段階といえる。

　なかには，3歳ですらすらと友達に読み聞かせができる段階の子どももいれば，年長になっても人前で読むことを避ける子どももいる。繰り返すが，文字への興味関心はひじょうに個人差の大きいものである。したがって，興味をもった子どもに対しては文字環境を整えたり，質問してきたことに的確に応える等の対応が望まれるが，興味をもたない子どもに無理やり教え込むのは，苦痛を与えることにもなる。慎重に考えたいものである。

　文字を覚えたての子どもが絵本の文字をたどる姿を紹介したが，文字が読めるようになることによって，絵本の世界の楽しみ方も変化していく。絵をじっくり見るよりも，文字からの情報に重点がおかれるようになってしまうことは否めない。その結果，絵が見えにくくなってしまうのである。絵本やお話が子どもの想像力を高め，豊かな情緒をはぐくむことは次の章でも触れるが，文字にしばられずに絵本の絵をじっくり楽しめる猶予期間は，乳幼児期に限られた特別な時間でもある。「文字を知りたい」と育っていく子どもの力を信じて，「文字に興味をもたない時間は絵を楽しめる時間」と理解して，ゆっくり待てる大人でありたい。

エピソード3　電車に乗れてよかったね

　Tくんは入園前から母親が積極的に絵本の読み聞かせに取り組んでいた。早生まれのTくんは話すことは好きだが，一生懸命考えながら話をするタイプで，決してなめらかに話せるわけではなく，在園中に文字への関心はほとんどもたなかった。年長になっても自分の名前を書ける程度であった。小学校に入学してから1年間は，マスの中に文字を収めるように書くことが課題であり，書くのに時間もかかった。しかし，2年生になる頃には読み書きは問題なく，むしろ想像力や表現力が豊かに育っていった。

　Tくんの場合，文字に関しては，小学校1年生の間は確かに個別の対応が必要であり，本人も苦労したと思われる。しかし，早くから文字に関わることが必要であったのかと問われたら，これでよかったと思うの

『はこねのやまのとざんでんしゃ』
（横溝英一＝作　福音館書店）

「あっ，ちょっとまって」

「この人，電車に乗れてよかったね」

である。なぜならば，絵本を読んでもらうときにＴくんは言葉を聴き，絵を読んでいたからである。

　Ｔくんが４歳児の自由遊びの時間に，保育者が数人の子どもたちに絵本を読んでいたときのことである。子どもたちは絵を見ながら保育者の読む言葉を聴き，次のページをめくって話が展開していくのを楽しんでいた。まだ，話が始まったばかりで２ページ目を読んでいると，Ｔくんは保育者が読むのを「ちょっとまって」とさえぎった。そして前のページに一度戻ってから「この人，電車に乗れてよかったね」と言ったのである。発車前に階段をかけあがる緑色の服を着た女性が，次のページでは電車の中にいるのを見つけての発言であった。文章には書かれていない絵本の情報をＴくんは絵から読み取っていたことになる。つまり，文字だけ読んでいては分からない楽しみ方を，文字が読めないからこそＴくんは十分に味わっていたのである。

　必ずしも早く文字を読めるようになることだけに焦点を当てなくてもよいのではないかと考えさせられる出来事であった。

エピソード4　漢字が読める !?

　園からのお便り等を目にした３歳児Ｎちゃんが「これは山っていう字でしょ？」と聞いてきた。「山」という単純な漢字だから何かのきっかけで覚えたのか，誰かに教えてもらったのか不思議に思っていた。その後も漢字を見つけては正しく読んでいるので，家庭で教えているのだろうと思い，あるとき保護者に尋ねてみた。すると，保護者はＮちゃんが漢字を読んでいることも知らなかったのである。祖父母や叔母が近所に住んでいるため「何かのときに教わったのかしら」ということであったが，Ｎちゃんにとって漢字はパズルのようなものであり，文字というより記号としてとらえていた向きがある。そして，「これは○○」と漢

字の読み方を言ったときの大人の反応がおもしろかったのではないか，と考えられる。初めは教えられたに違いないが，本人が遊びとしてとらえているエピソードである。

3 文字を書く

　子どもたちが文字を書きたいと思うようになる頃には，文字が言葉を表すものであることを徐々に理解するようになっている。初めは，自分の名前を書くことから始めるのが一般的といえるだろう。文字を書くことは家庭で教えられることも多いが，園生活では様々な発達段階にある子どもたちがいるので，成長と共に，文字を書けない子どもも書ける子どもの姿を見て刺激を受け，自分も「書きたい」「書いてみよう」という気持ちにつながる機会となる。

　たとえば，絵を描いたり作品をつくったりした後に，名前を書く場面がある。3歳児くらいまでは書けないことを前提に保育者は対応しているが，4歳児になると少しずつ自分で書ける子ども，自分で書きたい子どもが出てくる。そのような子どもが増えてきたときに，どの程度の子どもたちが文字を書けるのか把握しておくと，遊びの場面での援助がしやすくなる。また，今はまだ書けなくても手助けすることで書いてみる気持ちになっているのか，まだ書こうとしていないのかも把握が必要である。書く気持ちのある子どもには，点線をなぞれば文字が書けるような援助ができるし，まねて書けるのであれば見本を示してあげるとよい。いずれにしても個人差を考慮した援助が必要である。

　また，クラス活動の中で文字を用いて子どもたちに話を進めていく場合もあるだろうが，幼稚園教育要領等の文字に関する記述内容を心得て保育することが望ましい。たとえば，今月の歌として覚えたい歌詞を書いた模造紙や，一日の保育の流れを書いたもの，その他文字で書き示したものを保育室に貼ってある光景はよく目にする。もちろん園の方針があり，不都合はないのかもしれない。しかし，「読めて当たり前」の姿勢になっていないか，まだ読めない子どもが困っていないか等，改めて保育者が立

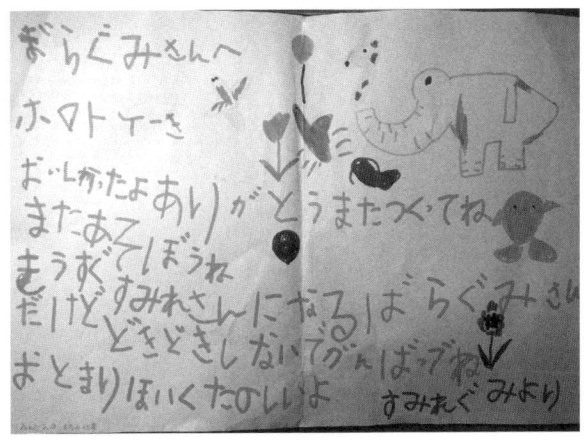

卒園式を前に年中少組が開いたホットケーキパーティのお礼を，年長児が年中クラスにあてて書いた絵手紙

「ひろよせんせい」の文字が散らばって書かれている

ち止まって考える姿勢は必要ではないかと考える。

　文字の読み書きは，目に見えやすいこととして，子ども以上に保護者の関心が高い内容である。個人差の大きいものであり，「何歳になったら教えるのか」「どうしたら興味をもつのか」等と画一的に考えるのはむずかしい。そのようなことについて保護者の理解を促していくと同時に，子どもの成長に合わせて，園でも子どもたちが興味関心を示せるような環境設定や働きかけを心がけたい。たとえば，クラスの出来事やお知らせを，保育者の手紙によってほかのクラスに届けて知らせたり，文字を用いたゲームを取り入れる等，楽しみながら，かつ個人の負担にならないような工夫ができるとよいだろう。

　文字を書けるようになってもしばらくは，拗音，拗長音，促音をまちがいなく書くには時間がかかる。「"ちょ"は"ち"と小さい"よ"」と説明され，子どもは理解していても，技術的に文字を小さく書くことがまだまだむずかしい。また，空いたスペースに文字を書き込んでいくのもよくあることで，文字があちらこちらに散らばっているため，文章として判読しにくいことがある。伝達手段とし

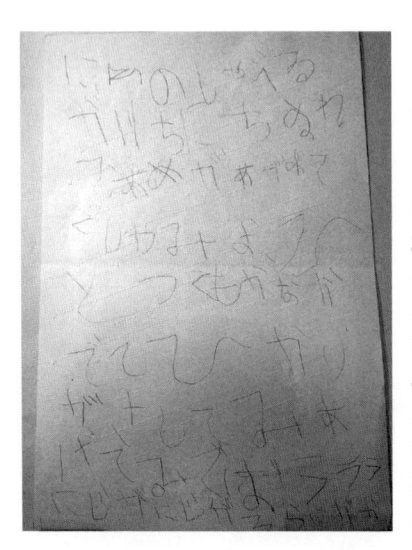

『にじ』
詞：新沢としひこ，曲：中川ひろたか

にわのしゃべるが　いちにちぬれて
あめがあがあて（あがって）
くしゃみお（を）ひとつ
くもがながでて（ながれて）
ひかりがさして
みあげてみでば（みれば）　ラララ
にじがにじが　そらにかか（って）
きみのきみの　きぶんもはれて
きっとあしたは　いいてんき
きっとあしたは　いいてんき

て，相手のことを考えて書くには未熟であり，「文字を書く遊び」を楽しむ段階といえる。

　まだ十分に文字は書けないが，保育者に伝えたいことを家で一生懸命文字にしてきた例を紹介する。

　年長女児のRちゃんは7月の歌としてどうしても歌いたい歌があった。歌ってみるが保育者に伝わらず，家で歌詞を書いてきたのが『にじ』の歌である。

　Rちゃんが書いたものを判読するのはむずかしく，楽譜もなかったが，母親と保育者とが協力し合って『にじ』を保育でとりあげて歌うことができた。Rちゃんの思いが伝わって，『にじ』はこの年の年長組のテーマソングとなり，卒園式では涙の大合唱となった。

　音を文字にする子どもたちにとっては「ず」と「づ」，「わ」と「は」等の書き分けはむずかしい。大人でも「かたずけ」なのか「かたづけ」なのか，迷うところもある。教えるというよりも，身近にいる大人が正しく表記することが大切であろう。片付けは，「かたづけ」が正式である。

　日本語の場合には音声が一文字に対応している場合が大部分であるため，身近な大人とのやりとりを通して言葉を文字と結びつけていくこととなる。

　文字だけをとらえるのではなく，言葉を聞くことによってイメージする力をもち，自分でイメージしたことを言葉によって相手に伝える力を育てることを大事に考える必要がある。そのために有効なのが読み聞かせである。絵本に限らず，素話や昔話を聞くことは日常会話とは違った言葉を耳から聞く機会となり，豊かな言葉が育つ基盤となっていく。

　文字を書く際には筆記具を使うが，正しいもち方ができるような配慮も必要である。乳幼児が初めて手にもつ筆記具は，クレヨンやクレパスが主であり，これらを使って文字を書くことが多い。初めは握っただけの状態であるが，クレヨン等を握った拳が宙に浮いていると力が入りにくく筆圧が弱くなるため，徐々に拳を机につけて安定した握りになるように指導することが望ましい。クレヨンを親指，人差し指，中指の3本でしっかりもつ正しい持ち方を習得していれば，えんぴつを使うようになっても困らずに，よい姿勢で書くことができる。学習の基礎として，身に付けておきたい。

 **第4節 保育における文字に親しむ経験**

　文字の習得については，周囲の大人による働きかけが必要であることを第2節で述べた。また，園では異年齢の子どもたちや保育者の姿が，文字への取り組みのきっかけとなることもすでに記したとおりである。それでは，保育者はどのような環境を準備し，働きかけているのだろうか。

1 保育者の意図と活動例

　筆者が担当した3歳児クラスでは，クラス全体に対して文字を読めることも書けることも前提に活動することはしなかった。靴や鞄等，物の置き場にはひらがなで名前が書かれ，マークの併用によって自分の場所が示される文字環境は用意されていた。しかし，子どもたちは習慣として自分の場所を覚えてはいくが，文字が読めているわけではなく，あまり関心は示さないことが多かった。

　何かを描いたりつくったりしたときに，自分のものと分かるように保育者が頻繁に名前を書くので，自分の名前に関しては知らず知らずに認識する子どもたちが多くなっていく。自分で書きたがる子どもには，裏側に自由に書いてもよいようにしていた。なぜならば，文字を書けるようになった子どもにとっては書くことが遊びとなっており，画用紙の表面に書いてしまうと指導の意図が変わってしまうためである。また，この段階では，決まった場所に小さく文字を書くことはむずかしいことも「裏側に自由に」の理由として挙げられる。

【活動例1】

　文字習得前に言葉と文字の関係を体験的に理解できると，文字の読み書きへの準備になる。音と文字との関係を体で覚えることを文字への関わりの前段階と考え，言葉を音として，リズムとして意識する方法を取り入れる例を紹介する。

　たとえば，名前の呼びかけ，応答を音の長さに合わせて手拍子する。
「あ い ちゃん」（♪♪♪♩）「は あ い」（♩♩♩♩）
「ゆ きこ ちゃん」（♪♪♪♩♩）「は あ い」（♩♩♩♩）

応用としては，「お買い物に行こう」ゲームで品物を答えるときに，同様に手拍子を打って答える方法がある。

1　リーダー：お買い物に行こう。
2　子どもたち：お買い物に行こう。
3　リーダー：お財布だってもってるもん。
4　子どもたち：お財布だってもってるもん。
5　リーダー：大きなかごだってもってるもん。
6　子どもたち：大きなかごだってもってるもん。
7　リーダー：八百屋さんに行こう。
8　子どもたち：八百屋さんに行こう。
9　リーダー：だいこん。
10　子どもたち：<u>だ い こ ん</u>。（♩ ♩ ♩ ♩）

　3歳児の場合には着席したまま，言葉の響きやリズム，○○屋さんでお買い物できるのは何かという具合に，社会へ関心を向けるゲームにもなる。言葉の側面で考えていることから，お菓子屋さんで「<u>チョ コ レ ー ト</u>」やレストランで「<u>カ レ ー ラ イ ス</u>」等，拗音や長音を意識して取り込んでいくとよい。拗音の数え方は，「パイナップル，グリコ，チョコレート」のじゃんけんゲームにも通じるため，その場でのルールを確認しておきたい。7でリーダーはお店屋さんを変化させ，9で答える品物と合致させるようにする。慣れてくれば数量（文字数）に重点をおくこともできるし，子どもがリーダーになって考えることもできる。また，お店屋さんと品物の関連性をゲームにしてもおもしろい。『猛獣狩りに行こうよ』のバリエーションであるので，年中長児には動きを伴った人数集めのゲームとして，数量を意識することに応用ができるものである。

【活動例2】

　園では，毎朝の出席確認等，子どもたちの名前を呼ぶ習慣がある。4歳児に「逆さ読み」を試してみると，音の響きやおもしろさに気付いてくる。聞き慣れない自分の名前に初めは戸惑う様子も見られるが，名札の文字を指でたどっては読み，納得することができる。やがて，友達の名前を逆さに読んだり，上から読んでも下から読んでも同じ言葉「トマト」

当番表

や「しんぶんし」等に気付いたり，上から読んでも下から読んでも同じ回文を楽しむこともできるようになる。言葉だけならば文字がわからなくても考えることができるが，文章になると文字の力も必要になってくるため，5歳児が楽しめる活動といえる。

　保護者へのお知らせに名前が記されたものもある。そのほか，当番活動が始まると，誰が当番なのか分かるような当番表の作成が必要であり，名前を記すことによって次の当番が誰なのか確認することができる。

【活動例3】

　年長組のお泊まり保育では，花火の時間がある。夜のゲーム大会の続きとして，手紙を手がかりに，花火を探し出したら遊べる活動とした。手紙をつなげるとメッセージになる。

　年長組ではあるが，全員が完全に文字を読めるわけではないため，グループ単位で手紙を探すような形式にした。また，読める子どもだけが内容を理解して突き進んでしまうことのないように，各グループに保育者が付き添って，グループの全員が参加できるようにした。

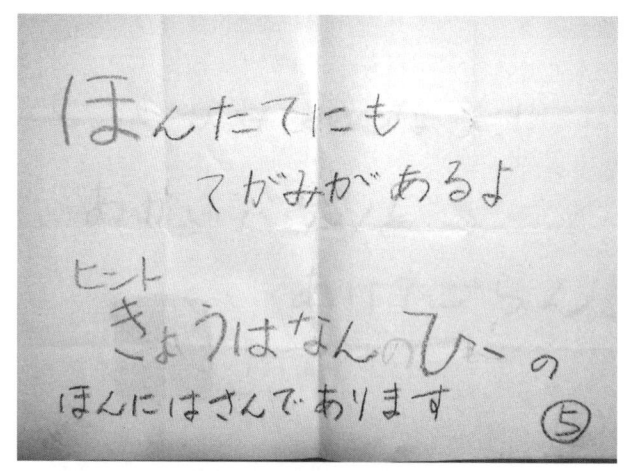

年長組で絵本『きょうはなんのひ』をクラスで親しんだ後に迎えたお泊まり保育にて。　夜の花火は，探すことから始めた。見つける方法は，保育者からの手紙が頼り

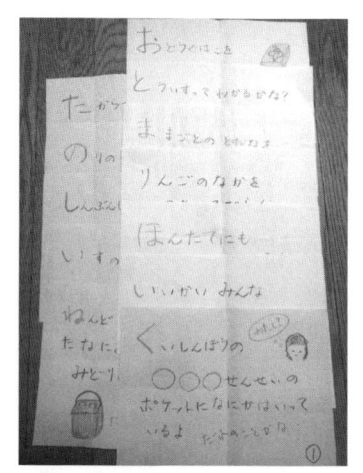

『きょうはなんのひ』にまねて12枚の手紙を重ねると……「おとまりほいくたのしいね」のメッセージが出てきて，花火も見つかり，子どもたちは大喜び

エピソード5 わたしたちのあいうえお表

　年中3学期，文字に興味をもつ子どもたちが多くなった。クリスマスプレゼントに園から「おはなしかるた」を贈られたことや年賀状のやりとりも刺激となり，冬休みの間に文字との関わりが増えてきたからである。読むだけでなく，書くことが楽しく，次々に「◯はどうやって書くの？」と尋ねてくることから，文字カードをつくることとした。画用紙を8分の1に切ったカードに保育者がマジックでひらがなを書き，下に子どもが絵を描くものである。絵を描きたがらない子どもには，ぬり絵で参加してもらった。文字への関心には至らなくても，◯から始まる言葉を一緒に考えたり，その中からどの絵を描きたいのか考えたり，結果的にはクラスの子どもたちが何かに関わりながら「あいうえお表」が完成した。業者が発行する「あいうえお表」もあるのだが，自分たちがつくった「あいうえお表」は親しみも湧き，その後は文字を書くのに困ったときには，保育者に尋ねるよりも表を見にいく姿が多くなった。文字への関心だけでなく，自主性も育ったように感じた。

　子どもたちとつくった「あいうえお表」には，小さな小さな文字が書かれている。その後転園してきた自閉傾向のある子どもが次々に書き込んだものである。よく見ると「⒜め」「⒮る」という具合に，絵の解説となっている。コミュニケーションをとるのがひじょうに困難な子どもであったが，環境の中に自分のスキルを使って関われる「あいうえお表」を見つけたのである。

　文字への興味関心には，個人差のあることは何度も述べた。したがって，年齢は目安として考え，活動例も同様にとらえてほしい。

年中児とつくった，あいうえお表

絵の横に小さく解説が書かれている

2 遊びから生まれる文字を使った自発的な活動

　前項では，子どもたちが文字への興味関心をもてるような，保育者の意図的な関わりについて解説した。本項では，遊びの中で自発的に生まれる子どもたちの文字との関わりについて，事例を紹介する。

　遊びの中では，読むことより書くことが主となる。それは，単なる文字の読み書きではなく，文字によって相手に意思を伝える文字としての機能，役割を十分に理解してのことである。したがって中心は5歳児の遊びである。

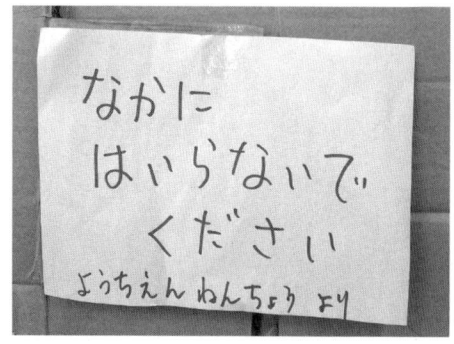

年長児が保育者に依頼して用意した貼り紙

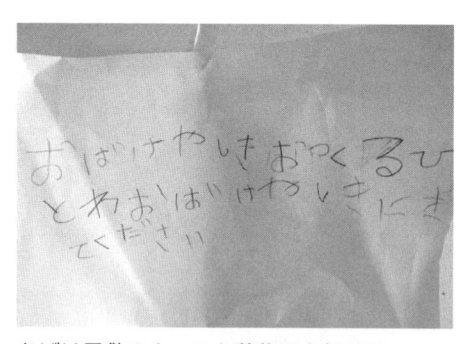

おばけ屋敷のキャスト募集のお知らせ

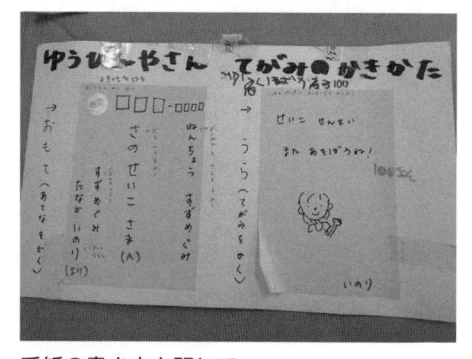

手紙の書き方を記して

　よく見かけるのは，砂場や大型積み木でつくった基地に掲げられた「こわさないでね」「はいらないでね」という貼り紙である。大切な基地，自分たちの遊び場に遠慮なく入って来るのは3歳児が多く，相手はまだ文字が読めないから分からないかもしれないと伝えても，書かずにはいられないのである。

　映画館や演奏会，おばけ屋敷等，年長児が企画し，年中少児を招待する遊びを展開するときには，チケット，看板，お知らせ等を書いて配ったり，貼ったり，大人数で賑やかである。設営係は，イメージしたことを形にして，仲間と協力したり，もめたりもしながらステージをつくり，椅子を並べる。チケット係は，紙を切って「ちけっと」「チケット」と書いて配る。宣伝係は年中少児のクラスに出向き，保育者も子どもたちも誘うのである。キャストは忙しそうに走り回っている。状況によっては会場整理係が現れ，危なくないように入場制限をしたり，効果を高めるために間隔を空けて入場させたりする。おばけ屋敷では消灯係もいる。そして，必要を感じると紙に書いて知らせようとする。言葉よりも，文字が有効手段として理解して用いられている。

　お店屋さんも似たような役割分担があるが，年中少児もイメージしやすいため，もう少しゆったりした雰囲気がある。

郵便ごっこは, 典型的な文字を使った遊びである。暑中見舞いや年賀状, 郵便局見学等がきっかけに始まることが多い。その背景には自分宛てに届く手紙に, 特別な嬉しさがあるからであろう。幼児にとって,「自分のもの」はなかなか手に入れる機会が少なく, 相手とのやりとりによって, また返事が来ることによっても遊びが続いていく。保育者ができることは, 文字に困っている子どもたちへの援助や, 保育者宛てに届いた手紙に返事を書くことである。手紙の返事を書くのは時間もかかるが, 子どもたちの喜びは大きい。そのほか, 郵便ポストを子どもたちと一緒に制作したり, 手紙を配達する郵便屋さんの役割を誰がどのように担うのか, 子どもたちと相談する等, 遊びが継続発展するような助言や援助が必要である。

また, お医者さんごっこも子どもたちの好きな遊びの一つであるが, 3歳児は患者や家族, 医師や看護師になって, 病気になった人, 診察する人と互いに役割を果たしながら, その状況を共有するごっこ遊びの段階である。しかし, 4歳児, 5歳児になると, カルテや薬袋が登場し, 体温測定, 聴診器の使用や, 注射や点滴という言葉も使われる。それだけ実生活において経験しているからであろう。最近は電子カルテが多くなり, 子どもたちの遊びも社会の変動に影響されるが, 受付や診察室, 診察時間等の掲示によって, お医者さんごっこの環境設定には文字が使われている。

以上は, 園で見られる遊びの一部分であるが, これらの遊びを考えてみると, 子どもたちは文字の果たす役割を十分に理解して遊びに取り入れていることが分かる。また, 文字を使うことによってコミュニケーションをとり, そこに参加している友達だけではなく, 広く自分たちの遊びを発展させていることに気付く。

［エピソード6］ 絵本ができた

A4版の紙を3枚程度半分に切り, 色画用紙を表紙にしてホチキスでとじたホワイトブックを用意しておくと, ぬり絵や絵本をつくるきっかけとなる。地図を書いたりもする。

4歳児のMちゃんは, 絵を描いてお話をつくった。ただし, まだ文字は書けないため, 保育者がMちゃんの言葉を文字にしたものである。

うさぎさんのおしろあそび

わーい！
おしろができたぞー！

おうじさまとけっこん
するんだ

なんでこんなにいっぱい
おはながないの

おうじさまと　やっと
けっこんできた

だいすき

だいすき

おばけやしきにいこう
こわいよう　おにいちゃん
やめて

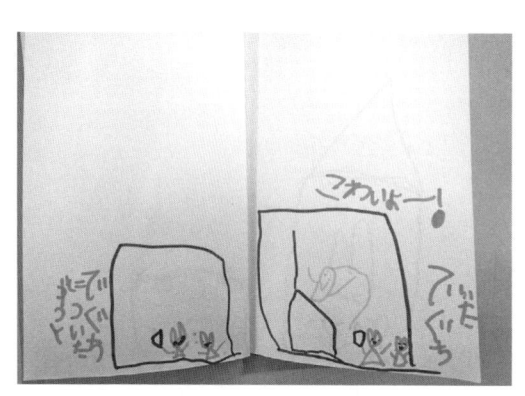

やっとでぐちについた

こわいよー！
でぐちついた

エピソード7 心のうち

　5歳女児Nちゃんは，神経過敏で自己主張が激しく，気に入らないことがあると感情のコントロールがむずかしくなり，友達にも保育者にも乱暴な言葉を使うことがある。一方で理解力に優れ，一度言われたことはよく覚えている等，知的発達が進んでもいる。外遊びも積極的にするが，仲よしのMちゃんと二人で何かを書いたりつくったりすることが好きで，発想力の豊かさや指先の器用さ，細やかさには感心する。

　トラブルが起これば注意を受けることも多いせいか，ある日家でつくってもってきたものからは，Nちゃんがいろいろな思いを抱きながら生活していることがうかがえた。

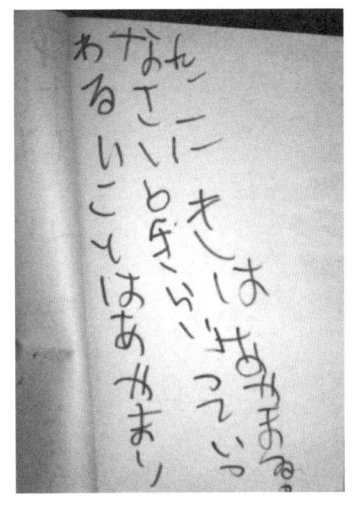

Nちゃんが書いた「聖書」

エピソード8 特別なメッセージ

　園生活最後のお弁当日にときどき見かける光景である。お弁当袋の中に，母親から子どもへ宛てたメッセージが忍ばせてあることがある。母親も決して大げさにはしない。ほとんどの子どもたちは静かに，そしてこっそりメモを読んですぐに鞄に片づけてしまう。ほんの小さいメモであるが，母親の愛情を感じて，嬉しいような恥ずかしいような気持ちで宝物を隠すような気分なのではないだろうか。メモには，園で食べる最後のお弁当であること，今まで一生懸命食べてくれてありがとう等の言葉が書いてあるようだ。「ようだ」というのは，きちんと見たことがないからである。見せてもらっては申し訳ないような，母と子のきずな，聖域であると感じる一コマである。「見せて」と言うことはしなかったし，言えなかった。

　こんなやりとりができるのも，子どもが文字を読めるようになったからである。園生活のしめくくりに，子どもの心の成長も感じられるほほ笑ましい場面である。

3 検討課題

　就学前の子どもたちに文字を教えることについては，古くから「教えるべき」「教えるべきでない」と両方の意見がある。それぞれに主張があり，結論の出る問題ではないと考える。本章で述べてきたように，子どもたちは園生活において，また家庭生活において様々な文字環境に接

し，各自のペースで文字を読み書きするようになっている事実をとらえ
ておきたい。保育者には，「今」子どもが何をしようとしているのか，
したいと思っているのか，をよく観察し，理解し，その子どもに適した
援助が望まれる。

　また，乳幼児にとって必要なのは，文字の読み書き以上に生活習慣を
身に付けることである。手先を使う日常生活は，脳の働きを促す。衣服
の着脱や食事，排泄が自分の力で十分にできない段階で文字の読み書き
を進めることは，果たして発達の道筋にかなっているのかよく考えたい。
小学校入学時に自分の名前を読み書きできることは，新しい社会への不
安を軽減してくれるといわれている。子どもたちが自発的に文字へ興味
関心をもてるように，焦らずに対応することが望ましい。目標として，
就学前に自分の名前を読み書きできることを意識しておくと，参考にな
るであろう。

　幼児によく見られる鏡文字や書き順については，「文字を書きたい」
気持ちをまず認めることを優先したい。鏡文字になってしまうのは，図
形の知覚，識別における眼球運動の未発達によると考えられている。「正
しさ」を教えることにとらわれすぎず，子どもが教えてもらうことを受
け入れられる段階まで，待ってあげるとよいのではないだろうか。

① あなたが小さい頃に書き記した文字があれば，味わおう。いつ頃，何を書いたのか。幼児が文字を書く意味について，自分を振り返って考えよう。

② 日本語を文字にしやすいのはなぜか考えよう。

③ 子どもが文字に興味関心を示すのにふさわしい環境を考えよう。

④ 文字に興味関心を示す子どもに，保育者は何をすればよいのだろうか考えよう。

⑤ 文字への興味関心を促す活動を計画しよう。

参考図書

◎ しおみとしゆき『幼児の文字教育』大月書店，1986 年
◎ 今井和子『表現する楽しさを育てる保育実践——言葉と文字の教育』小学館，2000 年
◎ 加藤泰彦，コンスタンス・カミイ編著『ピアジェの構成論による幼児の読み書き——新しい文字教育の理論と実践』チャイルド本社，1997 年

第6章

絵本や物語がもたらす豊かな経験

第6章は，絵本や物語が乳幼児期にもたらす豊かな経験について，保育内容「言葉」の視点から学ぶ。前半は，絵本や物語が乳幼児期の子どもの保育内容としてどのような意義があるのかについて，概論的に述べられている。

第1節及び第2節では，乳幼児期の絵本体験がその後の子どもの育ちにとってどのような意味があるのか，その意義について説明する。そして，幼稚園教育要領では，絵本や物語を通して子どもがどのような経験をするのか，保育内容「言葉」の観点から説明する。

第3節では，保育の実践の場において，絵本をどのように活用していけばよいかを，実際の絵本や実践の取り組みを通して学ぶ。

第1節 乳幼児期における絵本体験の意味

1 乳幼児期と絵本

読者のみなさんは子ども時代に絵本に親しんだ記憶があるだろうか。きっと，個人差も大きいものと思われる。幼い頃親しんだ絵本にはどのようなものがあるだろう。具体的に書き出してみよう。『ぐりとぐら』（中川李枝子＝作　大村百合子＝絵　福音館書店），『おおきなかぶ』（ロシア民話／A.トルストイ＝再話　内田莉莎子＝訳　佐藤忠良＝画　福音館書店），『どろんこハリー』（ジーン・ジオン＝作　マーガレット・ブロイ・グレアム＝絵　わ

『ぐりとぐら』

『おおきなかぶ』

たなべしげお＝訳　福音館書店），『100万回生きたねこ』（佐野洋子＝作・絵　講談社），『しろくまちゃんのほっとけーき』（わかやまけん＝作　こぐま社），『三びきのこぶた』（イギリス昔話／山田三郎＝絵　瀬田貞二＝訳　福音館書店）等々，あふれるほど挙げられるかたもいるだろう。また，ほかのかたが挙げる絵本を聞いて，「それ，知っている」と記憶がよみがえってくるかたもいるかもしれない。

『どろんこハリー』

『100万回生きたねこ』

『しろくまちゃんのほっとけーき』

『三びきのこぶた』

　思い出された絵本は，家庭の中で出合ったものだろうか。それとも，保育所や幼稚園で出合ったものだろうか。家庭によっては，親が絵本に対して興味関心が高かったりする場合，たくさんの絵本に出合う経験をしているだろう。保育所や幼稚園でも，絵本に対する意識が高い園に通ったかたは，良質な絵本にたくさん出合っているだろう。もちろん，乳幼児期の記憶は個人差も大きく，実際に出合っていてもあまり記憶にない

というかたもいるだろう。また，実際に出合う経験が少なかったかたも
いるかもしれないが，あまり気にする必要はない。むしろ，これから絵
本に興味をもって出合っていってほしい。

　子ども時代に出合った絵本の記憶は，みなさんにとって，どのような
記憶だろうか。その絵本が大好きで，何度も何度もその絵本を読んでも
らったり，自分で読んだ記憶かもしれない。親や保育者にいつも読んで
もらっていた場面が思い浮かぶかたもいるだろうか。また，『ぐりとぐら』
や『しろくまちゃんのほっとけーき』等は，物語の中でつくるカステラ
やホットケーキがおいしそうで仕方がなかった記憶がよみがえってくる
場合もあるかもしれない。まさに，親や保育者と一緒にカステラやホッ
トケーキをつくったなんて経験が思い出されるとするならば，何てすて
きなことだろう。

　このように，子ども時代の絵本体験は，個人差が大きいものの，絵本
に対する豊かな思い出や，読んでくれた大人との関わりが，当時の思い
出と結びついて思い返されることも少なくない。それくらい，子ども時
代の絵本環境は大人が思う以上に重要なことなのかもしれない。

2 ブックスタートと絵本環境

　近年，日本中のあちこちの自治体で「ブックスタート」の取り組みが
行われている。ブックスタートとは，地域に生まれたすべての赤ちゃん
と保護者を対象に，乳児健診等の機会を利用して，絵本を開く楽しい体
験と一緒にあたたかなメッセージを伝え，絵本を手渡すという活動であ
る。親子が絵本を通して，ゆっくり心触れ合う時間をもつきっかけをつ
くることを目的としたものである。

　ブックスタートは，1992年にイギリスのバーミンガムで始まった運
動である。当時のバーミンガムでは移民が多く，識字率の低下や離婚率
の上昇等の問題を抱えており，そのための支援策が必要とされる中で生
まれた。特に識字率の向上という教育的成果が期待されて行われ，その
結果，ブックスタートを経験した子どもとそうでない子どもとの間には
学力差が生まれたといわれる。特に，書く・話す・聞くという言語的な
能力のみならず，計算・図形認識・空間把握といった数学的な能力にも
効果があったことが伝えられている。

　日本では，2000年のこども読書年を契機にブックスタートが紹介さ
れ，以後，全国的に広まるようになっていった。ただし，イギリスのよ

うな識字率向上という意図はなく，親子の触れ合いを図ることが目的とされている。

　日本におけるブックスタートの成果については，秋田喜代美ほか（2002）の研究により，ブックスタート開始後に，母親の絵本への興味が喚起されたり，家にある絵本を見る等，具体的な母親の家庭内での行動変化が示されている。また，原崎聖子ほか（2005・2006・2007）は継続的な効果を研究し，絵本に対する親の意識が高まり，子どもに読み聞かせをする機会が増えていることが明らかとなっている。このような取り組みが，親の絵本に対する意識の変化につながっていることが分かる。

3 子どもへの影響と育ち

　それでは，絵本を読み聞かせることが，子どもにどのような影響を与えているのだろうか。

　森ほか（2011）はブックスタートに取り組んでいる自治体とそうでない自治体を比較し，乳幼児期の絵本の読み聞かせが，その後の育ちにどのような影響を与えているかを調査している。その結果，乳児期におけるブックスタート体験が，小学校1年生段階での読書経験を増やし，ゲーム習慣を減らすという効果があることを明らかにした。またそれと同時に，保護者の図書館利用頻度が高まり，保護者による子どもへの読み聞かせの頻度が高まるという結果も出ている。

　ブックスタートのように，乳幼児期の子どもに対して大人が絵本の読み聞かせを行うことは，読み手である大人との信頼関係を形成し，2項で挙げたイギリスでの研究のようにその後の学力に影響を与える可能性があるほか，子どもの読書習慣や生活習慣に影響を与える可能性もあると考えられる。

　乳幼児期からの絵本の読み聞かせ体験は，私たちが考えている以上に，読み手の親のみならず，子どもの育ちにも影響を与えている可能性がある。もう少し単純にいえば，大人が子どもに絵本を読み聞かせることを通して，子どもは絵本の楽しさやおもしろさを知り，一人で絵本を見たり，読むことができるように育ち，その世界を広げていく媒介となっているのであろう。

　発達の段階で分けてみてみるならば，乳児期の場合，絵本の楽しみ方は，描かれた場面を楽しむことが中心になる。読み手は絵本だけでなく，子どもの表情や言動を読み取って，会話を進めるのが特徴となる。こう

した身近な大人との絵本を介したやりとりを通して，多くの語彙を獲得したり，ページを順にめくること，現実世界とは異なった世界が絵本にはあるということを知り，読み手との間に情動的なきずなを形成していくのである。読んでもらうことを通して，絵本の扱い方を学ぶと同時に，絵本の世界に集中するようになっていく。

幼児期になると，話の内容や筋（ストーリー），言語表現に関わる会話へと変化していく。予測しながら話を聞いたり，登場人物の気持ちを推論して話をする等，絵本の内容に即して様々な会話を楽しむようになる。物語型の絵本を好む子と，図鑑型の絵本を好む子の違いも見られるようになる。また，文字を読もうとする姿もしだいに見られるようになり，自立した読み手への道を歩み始める。幼児期から児童期への以降の中で，絵本から活字本への志向の変化も見られるようになる。

第2節 領域「言葉」と絵本体験

1 領域「言葉」のねらいと内容

さて，以上のように，乳幼児期の絵本環境は子どもの育ちに影響を与えるものである。だからこそ，保育所や幼稚園においても，どのように絵本に子どもを出合わせるかが重要な保育内容として考えられている。

領域「言葉」のねらいには，「（3）日常生活に必要な言葉が分かるようになるとともに，絵本や物語などに親しみ，言葉に対する感覚を豊かにし，先生や友達と心を通わせる」とある。内容には「（9）絵本や物語などに親しみ，興味をもって聞き，想像をする楽しさを味わう」とある。この項目からは，「絵本や物語に親しむ」こと，「興味をもって聞く」こと，「想像をする楽しさを味わう」こと，の3点が挙げられている。

しかし，絵本や物語を通して経験される内容はこの3点ばかりではない。当然ながら，領域「言葉」の内容のほかの項目とも関連する。内容の10項目すべてに関連するが，ここでは特に，以下の3項目について挙げる。

（2）したり，見たり，聞いたり，感じたり，考えたりなどしたことを自分なりに言葉で表現する。
（7）生活の中で言葉の楽しさや美しさに気付く。

（10）日常生活の中で，文字などで伝える楽しさを味わう。

（幼稚園教育要領）

以下，絵本と保育内容「言葉」の関連から，「絵本や物語に親しむ」「興味をもって聞く」「想像をする楽しさを味わう」「自分なりに言葉で表現する」「言葉の楽しさや美しさに気付く」「文字などで伝える楽しさを味わう」の6点から説明したい。

2 絵本や物語に親しむ

子どもが絵本や物語に親しむことが保育の場において保障されるためには，充実した絵本環境が求められる。

そうした環境を提供するためには，保育者自身がまずは絵本に親しむことが大切である。そして，絵本に関する教材研究が求められるだろう。絵本といっても様々なジャンルの絵本がある。物語絵本・昔話絵本・科学絵本・しかけ絵本……等々，実に多様である。また，紙芝居，ストーリーテリング（素話），幼年童話等，物語の世界は絵本以外にも広がる。自分の好きな絵本の世界を広げていきたいものである。

さらに，子どもが絵本や物語に親しむようにするためには，数ある絵本の中から，子どもの興味や関心に合ったものを提供できることが大切である。子どもの発達や季節に応じた絵本であることが挙げられる。さらに，子どもが遊びや生活の中で興味をもっている内容やテーマのものを読んであげると，子どもは絵本に関心をもつようになる。

乳幼児期の子どもは，大好きな絵本を何度も何度も繰り返して読んでもらうことで，その絵本の世界にどっぷりと親しんでいくようになる。しかも，その時期の自分の興味や関心事とつながるとき，その親しみはより深いものとなるだろう。

3 興味をもって聞く

特に，集団保育では，ほかの子の興味関心に影響を受けることに大きな意味がある。家庭で1対1ではあまり興味をもたないような絵本でも，クラスのほかの子どもたちが気に入っていたりすると，しだいにみんなの好きなその絵本にのめり込んでいくということもある。だから，個人の好みに加え，集団の場で多様な子どもたちと共に過ごすことが大切な

のである。

　絵本に親しみをもつようになると，じっくり興味をもって聞く姿が増えていくようになる。小さな頃から絵本に親しんできた子たちは，最初，絵や言葉のリズムのおもしろさ，読み手とのコミュニケーションのおもしろさ，あるいは絵本をめくったときの展開のおもしろさが中心であった。それがしだいに，物語そのものの展開に引き込まれるようになっていくのである。

　このような絵本体験を通して，子どもは「聞く」力をつけていくのであろう。

4 想像をする楽しさを味わう

　「聞く」ことができるということは，その情景が頭の中でイメージできているということであろう。まさに，「想像」の世界にひたっているということである。

　想像をする楽しさは自分の世界だけでも楽しむことができるし，友達やクラスの仲間と共有しながら楽しむこともできる。しかも，想像する楽しみは，表現する楽しみにもつながっていく。

　『三びきのやぎのがらがらどん』（マーシャ・ブラウン＝絵　瀬田貞二＝訳　福音館書店）をクラスで読んでもらった子どもたちは，やぎが橋を渡るあのドキドキハラハラの場面に心を動かすようになる。そのような時期に，巧技台で遊んでいる子どもたちの中で，保育者が「だれだ，おれのはしをがたごとさせるのは！」とトロルのセリフをまねしてみる。すると，「ぼくです。ちいさいやぎのがらがらどんです。たべないでください」等と，それに応じる子どもが出てきて，たくさんの子どもがそれに続き，やぎになって，巧技台の上を渡ろうとする姿が見られることがある。保育の中では，絵本のイメージから，ごっこ遊びが生まれることがよくあるものである。

『三びきのやぎのがらがらどん』

　まさに，豊かな絵本体験が保育の中の子どもの遊びや生活とあいまって，子どもが想像する世界が豊かになっていくのである。

5 自分なりに言葉で表現する

　保育の場では，絵本を読んでもらったことが契機となり，感じたり，

『しろいうさぎとくろいうさぎ』

考えたりしたことを自分なりに言葉で表現する経験が数多くある。

『しろいうさぎとくろいうさぎ』（ガース・ウィリアムズ＝作・絵　松岡享子＝訳　福音館書店）を4歳児クラスで読んだある日のことである。一人の女児が，「私，この絵本で一番好きなのは，しろいうさぎが目をまんまるくしたところ」と発言した。すると，多くの女児が「私も」との声が上がった。そのような中，男児は「おれ，くろいうさぎが目を真んまるくしたところ」と言う。そして，その男児は自分もくろいうさぎのように目を大きく開き，目を真ん丸くしてみせる。このクラスの子どもたちは，しろいうさぎとくろいうさぎが目を真ん丸くした場面が大好きで，そのことがよく語られた。また別の子は，結婚した場面が好きだと言い，自分の両親の結婚の話が始まり，話は結婚の話へと発展していく日もあった。

このように，絵本の豊かな世界は，子どもの心を刺激することが多く，自分の生活体験と結びつけながら，こうした豊かな語りをも生み出させる。絵本の読み聞かせから，子どもの自然な語り合いが生まれることも，とても大切な側面である。

6 言葉の楽しさや美しさに気付く

3歳児のクラスで初めて『はらぺこあおむし』（エリック・カール＝作・絵　もりひさし＝訳　偕成社）を読んだ日のことである。子どもたちから，あふれるような言葉を聞くことができた。最初のページをめくると，きれいな○がいっぱい描かれているのを見て，「まるまるがいっぱい」と言う子ども。

あおむしがたくさんの食べ物を食べておなかが痛くなった場面で，あおむしが情けない顔をしているのを見て，「いたい，いたいの顔してるね」と言った子ども（あおむしが小さく描かれているので，気付かない大人も少なくない）。

『はらぺこあおむし』

その後あおむしが大きくなった場面では，「こんなに大きくなった！」と感嘆の声を上げる子ども。そして，さなぎになって，チョウになる場面では，うっとりした顔をして，「きれいなチョウチョ」とつぶやく子どもの姿。

たかだか1冊の絵本から，これほどまでに子どもの発見や喜び，驚きの声が生まれるということは，とてもすごいことである。良質な絵本のもつ力はすごいと思わされると同時に，このような「楽しさや美しさ」に子どもが心を動かされるような場面を保育の中でたくさん生み出していきたいものである。

7 文字などで伝える楽しさを味わう

　特に5歳児では，文字に興味をもつ姿が多く見られるようになり，生活の中で，自分の名前や大好きな友達の名前を書いてみようとしたり，保育者に「せんせい，だいすき」等と手紙を書いてくる姿もある。

　そのような時期に，幼年童話の『エルマーのぼうけん』（ルース・スタイルス・ガネット＝作　ルース・クリスマン・ガネット＝絵　渡辺茂男＝訳　福音館書店）を毎日少しずつ，読んで聞かせてあげていた。すると，エルマーの地図を自分たちでつくり，エルマーになって，ごっこ遊びをする姿も生まれてきた。そこには，たどたどしい文字で「えるまのちづ」等と書こうとする子どもたちの姿が見られた。この物語は3巻あるが，3巻が終わった後，その続きの話をつくり始めた子どもの姿があった。

『エルマーのぼうけん』

　そこでは，紙芝居のように絵を描きながら，後ろに自分たちで考えたお話を文字で書き，毎日，クラスの集まりで話す子どもの姿も出てきて，クラス全体でそのお話づくりに取り組んだことがあった。

　このように，豊かな物語から触発され，文字を読んだり書いたり，あるいはストーリーを考えてつくるような経験につながることもある。5歳児くらいでは，絵本や物語体験が文字で伝え合う姿につながることもある。

　さて，ここからは，保育者でもあり，絵本作家である柴田愛子による保育における絵本論である。愛子さんはりんごの木子どもクラブの代表であり，30年間「子どもの心により添う」保育を基本姿勢としてきた。子どもと遊び，子どもたちが生み出す様々なドラマを大人に伝えることで，子どもと大人の気持ちのいい関係づくりをしたいと考え，その願いを子育て本や絵本として執筆する活動も積極的に行っている。

　絵本作家としても，たくさんの絵本を執筆している。なかでも『けん

かのきもち』（柴田愛子＝文　伊藤秀男＝絵　ポプラ社）は，2002 年度日本絵本大賞受賞となったことでも知られている。この絵本は，「あそび島」という場で，大の仲よしとのけんかが起きるが，その何ともやるせない気持ちや，その気持ちが収まってくるプロセスが子ども目線で描かれている。この舞台となる「あそび島」はりんごの木であり，ここでの実話をもとにつくられているという。しかも，このお話に「愛子さん」（本人）も登場している。このように，保育の中での子どもの姿を通して絵本をつくっており，子どもの実際の姿を通して絵本づくりを行っているのである。

　ここでは，保育の場における保育者の基本的な姿勢を踏まえながら，保育の中での絵本の世界がいかに豊かな経験世界であるかについて，愛子さんの実践論を通して学んでいきたい。

（大豆生田）

 ## 第3節　保育の中での絵本

　ほとんどの幼稚園，保育所の保育室には，かなりの絵本が並んでいる。保育室以外に絵本のコーナーを設け，そこに置かれている園も多くある。しかし，本来「本」というものは一人で手にもって，もしくは机の上で開くものである。家庭にあって乳幼児等の幼い子は，家族の膝の上か，身体を寄せ合って絵本を読んでもらっているだろう。

　保育現場においては，本らしからぬまったく違う読み方をしているともいえる。もちろん，自由な時間に子どもたちは好きな本を見つけて読んでいたり，一人もしくは 2，3 人で肩を寄せ合って見ている姿も目にする。おだんごのように固まって図鑑を見ていることもある。

　しかし，一斉保育の中で絵本を読もうとするときは，大勢の子どもたちを前に絵本を子どもたちに向けて開き，保育者が横からのぞくようにして文字を読むやり方をする。クラスの人数が多ければ多いほど本の絵が小さく見にくいことになり，「みえない！　みえない！」「すわって！」と大騒ぎになる場面さえ起こりかねない。

　そこまでして，保育の中で，なぜ絵本を使うのか考えてみたい。

　絵本は教科書として使うのではない。字を覚えさせるためでもストーリーを記憶させるためでも，知力を伸ばすためでもない。子どもたちが一緒に楽しむためである。一緒に感じるためである。一緒にイメージを

ふくらませるためである。本来個人的な本というものをどうして"一緒に"なのか考えてみたい。

1 読み手は保育者である

初めて私が幼稚園の先生になったのは43年も前のこと。子どもの頃は家に絵本はなかったし，絵本自体を目にすることさえなかった。育った環境になかった絵本に出合ったのは，保育の世界に入ってからだった。保育室の本棚に『わたしのワンピース』（西巻茅子＝文・絵　こぐま社）が置かれていた。初めて読んだときは衝撃的だった。

『わたしのワンピース』

1枚の布がワンピースになり，白いワンピースが花畑を歩くと花模様になり，雨の中を歩くと雨模様になり，麦になったり，夕焼け雲や星になったり，自由自在なのである。イメージすることを見えるかたちにできることが衝撃だった。さらに，言葉のリズムが心地よい。すっかり虜になったのだ。

4歳児を担任していたので，その感動をもったまま，心を弾ませて30人の子どもたちに読んだ。「わたしに　にあうかしら？」と問いかける言葉に「にあう！」と返ってくる。絵本はそのまま子どもたちとのかけ合いになっていった。子どもたちの反応が嬉しくて毎日読んだ。日々，子どもの「にあう！」「にあわない！」の声が大きくなっていった。

そのうち，新聞紙1枚の真ん中に頭を出せるだけの穴を空け，簡単なワンピースをつくってみた。子どもたちは大喜び，絵の具で模様も描く。画用紙にうさぎと三角のワンピースの輪郭を書いてあげると，それこそ自分の好きな模様を描き出した。ミニカーやキャンディーを描いた子もいる。さらに，切り抜いて，紙人形のようにもち歩いての遊びに広がった。カリキュラムにあったわけではないが，私が気に入った絵本の紹介が，楽しみを共有し，活動を広げるきっかけになったのだ。

『しばてん』

やがて，私は絵本に興味をもち研究会を訪ねることになった。ときを同じくして『しばてん』（田島征三＝文・絵　偕成社）の絵本を手にしていた。かなり暗い色調で，ストーリーは刺激的である。

　しばてんとよばれる力持ちのたろうが貧しい村人たちと，米をわがものとする長者をやっつけるのだ。おかげで村人たちは腹をすかせないで助かる。ところが，「長者の米を食ったのは誰だ」と役人がやってくると村人たちは「しばてんがやった」と答える。そして，しばてんは役人に連れて行かれるという話である。内容も過激で，結末まで深く重い話だった。これをクラスの子どもに読むことには躊躇した。

　ところが，通っていた研究会に田島征三さんをお迎えすることになった。当時，田島さんは頭にバンダナを結わき，ジーンズをはいて，ベトナム戦争反対を叫んでいた。田島さんの考えと生き方が，そのまま絵本というかたちで表現されていることに驚き，こんな絵本のかたちもあるのだと感激してしまった。そうなると，子どもたちに読み聞かせたくて仕方ない。

　翌日，感激の余韻を抱えたまま子どもたちに読んでみた。子どもたちはしーんと真剣に聞き入っていた。私の「4歳児には無理」と思ったのはまちがいかもしれない。詳しい内容は理解できないかもしれないけれど，本を通して作者の，そして私という保育者の心を受け止めてくれたのかもしれないと感じた。

『いない　いない　ばあ』

　3歳児を担任したときのこと。「これよんで」と一人の子どもがもってきたのは『いない　いない　ばあ』（松谷みよ子＝文　瀬川康男＝絵　童心社）。これは表紙に赤ちゃん絵本とかかれているものである。「何歳になっても『いない　いない　ばあ』が好きなのね」と，集まってきた数人の前で読み始めた。いろいろな動物が出てくる。「いない　いない」で動物たちが顔を手で覆っているが，次のページをめくると「ばー！」と動物の顔が出てくる繰り返しの本である。

　読みながらふと子どもたちに目を移すと，子どもたちの視線は私に注がれていた。本を見ているのではなく，私の表情を見ていたのだ。本もさることながら，私の顔の表情がおもしろかったのだろう。そのときは，何とも恥ずかしい思いになったものだ。

　保育者が本を読む。子どもたちは絵本の絵を見ながら，保育者の声を通して，内容が耳に届けられる。穏やかな時間と空気の中で，保育者の感性や気持ち・考え方さえも含まれて，絵本が届けられているといっても過言ではないと考える。

2 いつ，どんなふうに読み聞かせるのか

　保育時間のいつのタイミングに絵本を読むかを探ってみたい。

　子どもたちはもれなく，絵本を読んでもらうのが好きである。紙芝居に至っては，いつ，どんなときでも集中して見始める。まだ落ち着かず，話を聞けない状態の子どもでさえ，紙芝居が始まると座って聞く。そのため，集合させて静かにさせたかったり，子どもたちが散らばってほしくないときに絵本や紙芝居を利用する場合が見られるが，これは本来の絵本と向き合う時間とはまったく違う。子どもの気持ちが絵本という世界に入りやすい状態は，やはり一日の中で落ち着いたときであろう。

　「さ，絵本読むよ！」といきなり始めず，表紙をもって子どもたちに見せ，絵本に向き合う準備の間をとりたい。絵本は先にも述べたように，集団用に描かれていない小さなものなので，全員がちゃんと見える場に座っているのかを確認する必要がある。

　「絵本が見える場所にいるかな？」「見えない人は見える場所に動いてね」「○○ちゃん，そこで見える？」と尋ねよう。確認せずに読み始めると途中で動き始めたり，「みえない」と騒いだり，集中することがむずかしくなる。子どもたちの視線が集まったことを確認して，「じゃあ，読むね」と始めよう。

　子どもたちは絵を読んでいる。保育者は文字を読んでいる。そこで，どうしても文字の早さでページをめくってしまいがち。子どもたちの表情を見ながら，ゆっくりと読むことを心がけたい。

　ほとんどの場合，裏表紙になり読み終わったときに，子どもたちはその余韻を感じている。子どもたちの頭の中ではその世界が続いている。

　初めて読んだ本は，読んでいる途中で反応が声になって返ってくることは少ない。初めは，おおよその流れを把握する。だから，反応がなかったと憂える必要はない。回を重ねると徐々に反応が出てくる。よほど気に入ったときは，終わったとたんに「もう，いっかい！」と言い出すこともある。

　終わったとたんに「きょう，それ，かりたい」という子が続出するのは常である。それくらい，子どもたちは絵本の世界で遊んでいるのである。したがって，終わったとたんに「さあ，帰る用意しよう！」「お弁当にしよう」と断ち切ってしまうのは残念だ。「おもしろかったね」「なんか，ふしぎだね」「また，よもうね」といった読後の間も必要である。

3 繰り返しが好きな子どもたち

　絵本のストーリーには，繰り返しのエッセンスが含まれているものが少なくない。

　先に述べた『わたしのワンピース』『いない　いない　ばあ』もそうである。みなさんにお馴染みのものには『てぶくろ』（ウクライナ民話／エウゲーニー・M・ラチョフ＝絵　内田莉莎子＝訳　福音館書店）に動物が入っていく問答。『おおかみと七ひきのこやぎ』（グリム童話／フェリクス・ホフマン＝絵　瀬田貞二＝訳　福音館書店）のおおかみとこやぎたちのかけ合い，『ももたろう』の家来が増えていく場面，『おおきなかぶ』『ぞうくんのさんぽ』（なかのひろたか＝作・絵　福音館書店）等が思い浮かぶ。

　子どもは繰り返しが好きである。それは「また，くるよ！」「またあれだよね」「やっぱりね」と予測ができるからではないだろうか。つまり，予測ができることで，今に余裕をもっていられる。階段を登るときに等間隔だからこそ登りやすいのであって，段差がまちまちだったら怖くていられない。それと似ている。繰り返しは安心なのである。安心できるから違うことも見えてくるし，先を待ち望む楽しみが生まれるのである。

『てぶくろ』

　絵本自体も，同じものを何回も繰り返し読むことが大事である。ストーリーが分かっているからこそ，安心してゾクゾクしながら展開を楽しんでいける。何回も読むからこそ，どんどん絵本の細部の絵に目が向き，読み込んでいくのである。かつて，何回か読んでいた絵本をもってきた子がいた。同じページに泣いている子と笑っている子の絵があったのだ。「どうして，この子はこんなに悲しいのに，この子は笑っているの？」と聞かれ，私自身気付いていなくて驚いたことがある。

　保育に関しても，繰り返しが大切だと考えている。たとえば，散歩に行く公園が毎日違う場合，子どもたちは「きょうはどんなところかな？」という興味で動かされていく。しかし，同じ公園に繰り返し行くことで「きょうは，あそこで砂場したいからシャベルをもって行こう」「きょうは，ブランコしようかな」「きょうは，かくれんぼしたい」等と，先を予測して自分の行動を考えていく。つまり，公園に連れて行くのは保育者だが，繰り返すことによって，そこで

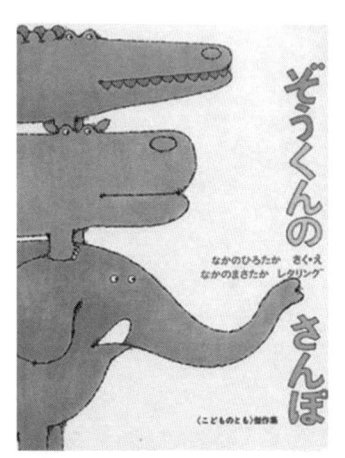
『ぞうくんのさんぽ』

の遊びが子ども主体の行動になっていくということである。

　同じことが絵本にもいえるのではないか。絵本を紹介するのは保育者だが，繰り返していくうちに，子ども自身が，目や耳や心で絵本をその子なりに消化していくのではないだろうか。

4 残酷な結末

　絵本の中には最後の結末が，ぎょっとするものも少なくない。

　みなさんがよく知っている昔話で見てみると『あかずきんちゃん』のおおかみの最後。『三びきのこぶた』のおおかみはスープにされてしまう。『三びきのやぎのがらがらどん』のトロルはこっぱみじんになって川に流されていく。『おおかみと七ひきのこやぎ』のおおかみも井戸の中に落ちてしまう。『さんまいのおふだ』のやまんばは豆に化けて和尚さんの口の中へ飲み込まれてしまう。

　逆に「めでたし，めでたし」で終わる話も多くある。

　残酷な結末は，幼児にとってどうなのか，ハッピーエンドのほうが大事なのではないかと考えたことがある。

　同じ本でも出版社によっては，「許してあげました」と円満解決にアレンジされた本もある。迷いながらも，円満解決は嘘っぽい感じがしていやなので，恐れずに子どもたちに読み聞かせた。

　『三びきのやぎのがらがらどん』で「トロルはこっぱみじんになって，たにがわにながれていきました」という私の読む声を，子どもたちはたいして気にしていない。それより「それからやまに　のぼっていきました」「ちょっきん　ぱっちん　すとん」で終わると，ほっとしたいい笑顔になる。『おおかみと七ひきのこやぎ』のおおかみが井戸に落ちたところ等は「おおかみしんだ！　おおかみしんだ！」の大合唱になるのだ。

　『三びきのこぶた』のおおかみがスープになるのには，ちょっと眉をひそめたりする。煙突からスープに落ちるところは，多少イメージがしやすいのだろう。『さんまいのおふだ』の豆に化けたやまんばを和尚さんが食べてしまう箇所は，笑った子と，心配になった子といた。「どうなったの？」「おしょうさんのおなかのなかで，いきてる？」と聞かれたことがある。

　いずれの話も，死んでしまって「かわいそう」という子は，今までいなかった。だって，いけないものなんだから。食べられたやまんばを気にした子は，やまんばをかわいそうに思ったというより，食べた和尚さ

んを気にしているのだ。おなかの中で生き返るのではと。

「こっぱみじん」「井戸に落ちる」等，子どもがイメージを浮かべにくい言葉の表現が，怖ろしさを感じないこともあるだろう。これが，「悪いことをしたので，殺されてしまいました」という表現だったら，まったく違う。同じ死でありながら，絵本の言葉は「完全にいなくなってしまった」ということを伝えるための死なのではないだろうか。

つまり，子どもにとっては，恐ろしい，脅かされる存在は，完全に姿を消すことが安心になるのだ。残酷そうに見える結末は，言い換えると「めでたし，めでたし」なのである。

5 子どもの中で生きてくる絵本

幼児は生まれてたった数年だが，家庭によって育てられ方はまちまちである。おばあちゃんにお話を聞かせてもらってきた子，毎日絵本を読んでもらってきた子もいれば，テレビばかり見ていた子もいる。キャラクターものに憧れている子もいれば，自分独自の想像の世界をもっている子もいる。

そのまちまちの体験から，園生活という共通の場での体験をし始めた子どもたちは，ほかの子と共有できる世界の楽しさを見つける。

室内，屋外，砂場，あらゆるところでほかの子の新鮮な遊び方に直面し，それぞれが自分を広げていく。

見たこと，聞いたこと，体験してきたことが「ごっこ遊び」として展開されることも多い。

たとえば，夏休みの体験が2学期早々にごっこ遊びで現れる。温泉旅行に行った子どもは，受付での書類の記入から，部屋の案内の仕方等，見事になりきって再現するのである。するとそれぞれの体験が加わり，体験していない子でさえ参加し始める。保育室は見事に旅館になり変わるのだ。

見たこと聞いたことを，ごっこで再現しようとする子どもたちにとって，同じ絵本をクラス全員が知っているということは，共通のごっこを生む種をみんながもっているということでもある。

木の根っこを見つけた子が引っぱり始めると，次々子どもがやってきて「うんとこしょ　どっこいしょ」と声をそろえて引っぱる。『おおきなかぶ』を読んでもらったからだ。引っぱる行為と「うんとこしょ　どっ

こいしょ」という言葉の響きが結びついて，子ども
の中にしみ込んでいる。こんなふうに機会があれば
吹き出てくるのである。

ジャングルジムの中でしゃがんでいる子に「トン
トン　トン」とやれば，「おまえは　おおかみだろ
う！」とキラッと輝く。『おおかみと七ひきのこやぎ』
がしみついているからだ。とたんに，ジャングルジ
ムはやぎの家になってしまう。トイレに入っている
子に「トン　トン　トン」とやっても，「おまえは　おおかみだろう」
と返ってくるのだからたいしたものだ。

『おおかみと七ひきのこやぎ』

段ボールに入っている子に「どなた，てぶくろにすんでいるのは？」
と聞けば，「ちゅうちゅうねずみ！」と返ってくる。その一言を聞きつ
けて，子どもたちは続々と集まってくる。保育計画にあろうがなかろう
が，子どもたちはおもしろいことにはどん欲である。

物語絵本等の場面を日常の遊びにしながら，クラス全員の劇遊びに発
展することは容易である。

6 とんでもない本の扱い方

かつて，りんごの木では子ども文庫を開いていたことがある。スチー
ルの棚には数千冊の本が並んでいた。

3歳児がスチールの後ろのわずかな隙間に入り込む。後ろから20冊
くらいの本を前に落とすのだ。そして，その空間から顔を出し「つぎの
かたー」と言う。何と，病院ごっこなのだ。さらに，別の箇所の本をは
ずし「おくすりでーす」と，折り紙で折ったものを差し出す。患者側に
は本が散乱していた。

少したつと本屋さんごっこが始まった。本をいっぱい並べて売るのだ。
やがて，段ボールの箱の中にどっさり本を入れ，数人で押して床をすべ
らす。「たくはいびんでーす」と，私に届けられた。あまり頻繁に来るので，
私の周りは本だらけ。

本はどんどん遊びの道具になっていった。

やがて，絵本を床に一列に並べ始めた。なんと，その上を歩き始めた！
ところが，その子はこう口ずさんで歩いていた。「カタ　コト　カタ
コト」って。これは『三びきのやぎのがらがらどん』のお話である。ト
ロルという怖い化け物が住んでいる川の上にかけられた橋を，小さいや

ぎのがらがらどんが渡るときの音だ。すると，ほかの子も寄ってきて，何人もが本の橋を渡り「がらがらどんごっこ」が始まってしまった。本さえ遊びの道具にしてしまう子どもに感心さえしている私。

しかし，一緒に保育していた男性保育者が怒り始めた。

「本を踏むな！　僕は本が好きだから，踏まれるのはいやだ！」と。その声は，ふだんやさしい彼とは思えない，太い男の声だった。私と子どもたちは震え上がって，隅っこに身を寄せ合った。

そして，私はそっと聞いた。「どこまでならいいですか？」。すると彼は「宅配便やさんごっこまでです！」と返してきた。

その日から，本で遊ぶときのルールが自然と生まれたのだ。

子どもは魅力的に感じて内面にしみ込んだものを，どんなところでも引っぱり出して遊んでしまう。こんな場合，どうすべきなのかの判断はむずかしい。とりあえず，その場を共有している大好きな人が不快になることはやめよう，という判断を私たちはした。

こんなこともあった。7月末に5歳児で引っ越してきたふうこちゃん。前の幼稚園とはずいぶん違うようだし，仲間関係ができていた時期に入ってきたこともあって困惑していたようだ。彼女は毎日，やってきては部屋の隅で本を読んでいた。保育者が誘うのだが，「いま，本よんでるの」とだけ答える。子どもたちも「あそぼう」と誘うが，「いま，本よんでいるの」と言われてしまう。後に，ふうこちゃんはこう言った。「みんながなんだかこわかった。本をよんでいるというと，みんながほっておいてくれた」。彼女は本という砦をつくって，中からみんなを観察していたのである。

やがて，「本をよむのは　すきだけど。ひとりであそぶのも　きらいじゃないけど。とじこめられているようでくるしい」と自覚していった。そして，自分の気持ちに気付くのだ，「ふうこは　ともだちがほしいの」と。この言葉は感動的で，今も私の耳に残っている。そして，彼女は自分から友達を求めて一歩踏み出していった（この話は絵本『ともだちがほしいの』[柴田愛子＝文　長野ヒデ子＝絵　ポプラ社] になっている）。

本を砦に使うという場面はたまに見られる。何して遊んでいいかわからないとき，友達とぎくしゃくしているとき，本を読んでいる振りをするのだ。きっと，本の内容はまったく入っていないだろう。でも，集団生活の中で，こんな本の使い方を考え出す子どもはたいしたものである。こんなときは，そっとしておいてあげよう。

7 絵本を基点にして広がる遊び

『どろんこおおかみと7ひきのこやぎ』の事例から

（柴田愛子＝作　あおきひろえ＝絵　アリス館）

『どろんこおおかみと7ひきの
こやぎ』

りんごの木の4，5歳児が「はたけ」と称しているひろっぱ（プレーパークのような空き地）で過ごしていた日のこと。一人の子が退屈しのぎのような顔をして，自分の手をカラーペンで白く塗っていた。そこで，「おまえは　おおかみだろう！」と，私が声をかけた。

『おおかみと七ひきのこやぎ』の台詞だ。

すると，その周辺にいた子どもたちもキラッ！　と顔を輝かせて，近くにあった2階建ての小屋に飛び込んでいった。2階に立てこもった子どもたちを追いかけていき，「トン，トン，トン。あけておくれ　おかあさんだよ」と私が言うと，中から「おかあさんは　そんな　がらがらごえじゃない。おまえは　おおかみだろう！」と子どもたちの合唱。

「ばれてしまったか」と退散し，今度はやさしい声で「おかあさんだよ　あけておくれ」と言った。「てを　みせてみろ！」と子どもたち。そこで手を見せ，「ほんとうにおかあさんよ。まっしろでしょう。あけておくれ」と言った。

絵本の話に沿って，自然と劇遊びになっていったのである。

ところが，中から「ワン　ワン　ワン　ここにいるのは　いぬです」と言うじゃありませんか。これはもちろんストーリーにはありません。ギョッとした私は「いぬはうるさくてたまらん」と，ワンワン大合唱の中を階下に下りていった。

1階の出入り口で靴を履こうとすると，なんと「めぇー」とやぎの声。階段を登って引き返し「やっぱり　やぎがいる」と言うと「ワンワン」。

こんなことが続き，やがて今度は「にゃー」とねこの声がするではありませんか。「ねこは　まずくてくえねぇ」と捨て台詞を言って階段を下りると「めぇー」。またまた，登ると「にゃー」とくる。

何だか，私が一人振り回されて，登ったり下りたりで疲れてしまった。いやになって「これ，もうやめる！　疲れた！」と宣言し，外に出てハンモックでのんびりしていた。

子どもたちはぞろぞろ小屋から出てきた。ほかの遊びを始めたようだったので，私もやれやれと休憩。

　ところが，しばらくすると二人の子が近づいてきた。「おおかみさんいいことがあるんです。いっしょにきてください」と言うじゃありませんか。まだ続き？　でも，この猫なで声にはきっとよからぬことがあるに違いないので「なにかよくない感じがするから，いやです」と言ったのだが，腰を低くして，もっと猫なで声で「だいじょうぶです。なんにもありませんから　どうぞ　どうぞ」と言う。これは行かずにはおれないと覚悟した。目をつむって両手を引かれて進んでいく。

　やっぱり！　なんと，落とし穴にはめられた。中には水が入っていたのだからたまらない。周りで子どもたちは大喜び。大きな穴に落とされた私は靴がぐちょぐちょ。「あーあ」と脱いで裸足になる。すると，水と泥の具合がちょうどよく，いい感じなのだ。

　「ここいいきもち！」と言うと「え？」と，子どもたちは次々入って来た。

　やがて，子どもたちはどんどん裸になり，泥だらけで遊ぶことになってしまった。まだ，肌寒い季節だというのに。

　お話の世界に子どもたちがアレンジを加え，子どもたちのストーリーをつくり出していった。さらに，お話の世界とは別の，実際の遊びが加えられ見事な展開となった。

　子どもたちは「あのおおかみごっこ　たのしかったね」と，ずいぶん後までも言っていたので，あの日の一連の遊び全部が「おおかみごっこ」として位置づけられたようだ。

　この日，保育が終わって帰るときに，子どもたちが「あー，たのしかった！」と満足そうにつぶやいていたのが忘れられない。私は一年の間に，こんな充実感をもって「たのしかった！」と言える日をどれだけつくってあげているだろうか，とつくづく思ったことだった。

写真撮影・篠木　眞

8 子どものドラマを絵本に

5歳児の3月のこと。その日, 保育で餃子（ぎょうざ）をつくることになっていた。一年を通して小麦粉料理をしていた。おやき, ホットケーキ, お好み焼き, パン, うどん等と毎月つくり, その最後の料理が餃子の皮づくりだった。

朝から粉をこね, ねかせ, 伸ばして, 1枚ずつを丸く伸ばして皮をつくるという作業はなかなかたいへんだった。集中力もいるし, 時間もかかる。さらに, 具の野菜や肉はみじん切りにしなければならない。具を皮で包んだときには, 午後の1時を回ってしまった。へとへとになった子どもたちは無口だった。

「焼くのは私がやっておくから, 外で遊んでおいで」と, 子どもたちを解放することにした。

その数分後「たいへん！　ほんもののけんか！」と, 子どもが呼びに来た。外に出ると, たいくんとこうたくんがすごい形相で取っ組み合っていた。まさに, 本物のけんかだ。地面に倒れ, 倒され, とうとうたいくんの表情がゆるんできた。

私は間に入り「どうする？」と聞くと「もうやめたい」とたいくん。こうたは「おしまいにする！」と言って, たいくんの肩をどついた。尻もちをついたたいくんは, 大泣きをした。

周りには子どもたちの人垣ができていた。その中で3歳の子が「こんなことになっちゃった」と小さな声で言っている。どうやら, その子のもっているミニカーを, たいくんが「かして」と言って取ったときに, こうたくんがきて,「おれにもかせ」と言ったのが引き金になったようだ。

でも, 原因は餃子づくりに違いない。長い時間ずーっと集中していて疲れていたのだ。心も体も解放したかった, けんかは解放の手段だったのに違いない。けんかができる間柄の仲よしであり, 同じくらい強い二人にとっては, けんかというかたちが必要だったのだろう。

たいくんの家は隣であったために, 彼は泣いて帰ってしまった。餃子が焼けたので誘いに行ったが来なかった。そのとき, こうたくんが「ごめんな」と大きな声をかけた。

たいくんの餃子20個を, お母さんにもって帰ってもらった。しばらくすると, お皿をもってたいくんが現れた。もう, けんかの気持ちも, 涙のあともなかった。また, こうたくんが言った「ごめんな, さっきはごめんな」。たいくんはニタッと照れた笑顔を見せた。二人の関係は修復されたのだ。

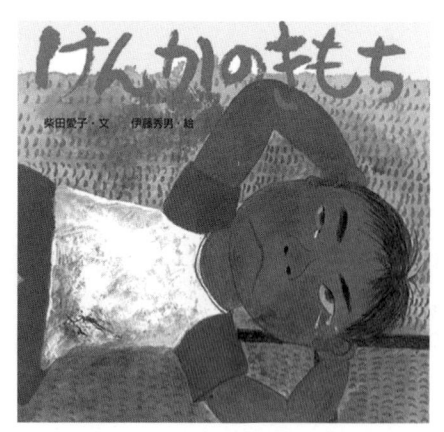

『けんかのきもち』

この光景を見たとき，何かあったときに強者から弱者に歩み寄るという人間のルールを，この子たちはもう知っているのだと感動した。子どもたちのストレートなやり方も，心の動きも，見ほれるばかりだ。

実はこの話が，私にとって絵本処女作である『けんかのきもち』。2002 年日本絵本大賞をいただき，課題図書になり，2 年生の教科書に載せていただいた。この話の二人は，今は大学生になっている。ハワイに住んでいるたいくんが先日訪ねてきたとき，「いちばん会いたいのはこうた」と言っていた。

9 絵本を書いてみて分かったこと

保育をしていると，子どもたちのドラマを日々見ている思いがする。いえ，保育の中で，どれだけドラマを感じるかが，保育のおもしろさにつながるともいえる。私は実際にあったドラマを 1 冊ずつ絵本にしている。子どものためにというよりも，子どもからいただいたネタで，子どもの気持ちを見えるかたちで表現しているといえる。

私は文を書いているだけで，絵は絵描きさんにお願いする。初めは，子どもたちの様子や言葉をもれなく文章にするため，かなり長くなる。それをコマ撮りして，絵描きさんに書いてもらう。それを手にしたとき，いかに絵は多くのことを語っているかに気付かされる。

「うれしい」とか「かなしい」とか，こんな遊びをしているとか，すべてが絵になってしまうのだ。そこで，文をどんどん削っていく。見れば分かることが多すぎて，二度，三度削っていくと情けないほど文が少なくなる。できあがった本を前にすると，つくづく「絵本は絵の本である」ことを実感する。だから，きっと子どもたちは，絵を通してほとんどのことを読んでいるに違いない。

こんなこともあった。私が『けんかのきもち』を子どもたちに読んだときのことである。一人の子が「きのうほんやさんにね。あいこさんの本がならんでいたんだよ。どうしたんだ？」と。「あれね。うってるの」と答えた。子どもは私がつくったのが本屋に並んでいることに驚いていた。つまり，絵本をつくっている人がいることがはっきり分かったのだ。それからは「これ，だれがつくったの？」と聞かれることも多くなった。

絵本を読むときに，つくった人の名前を読むことは大事なことだと

思っている。ちゃんと固有名詞でいうことで，つくった人の影を感じるからである。人が人に伝えていることであることを，子どもたちにも伝えたい。

　1枚の紙で6ページの小さな絵本の形をつくっておいたり，数枚の紙をとじて本の形にしておくと，子どもたちは勝手に自分の絵本をつくる。それを，みんなに発表するのも好きである。「絵本は見るもの，つくるもの」である。

10 絵本と保育

　保育者となった初めの頃，どういう絵本が子どもにとっていいのかを知りたかった。そこで，研究会に参加したり，専門書を読むことに励んだりした。ほかの人の実践もたくさん聞いた。

　そこで学んだことは，確かに役に立った。手も足も出ない新米の保育者には，誰かがヒントを与えてくれることはありがたい。

　しかし，数年たってふと気が付くと，どういう絵本がいいとされているのか，何歳にはどんな絵本がふさわしいのかを頭の中に詰め込んでいた気がした。

　保護者たちに「どういう絵本を選んだらいいのですか？」と聞かれると，すらすらと答えられる自分がいたのだ。しかし，それは私の考えではなく，教えてもらったことにすぎないことに気付く。

　頭に詰め込んだことが，本当に私自身が実感をもっているのかという疑問が生まれた。評価されている本なのに，どうも好きになれなかったり，〇歳児用と書かれているのに，そうはならずにもっと年齢の高い子が好きな本であったりするのだ。個人的な好みもある。

　保育全般に対してもいえることだが，正しい幼児教育を模索していた時代は，自分や子どもを置き去りにして，専門家や研究者の考えに添っていたように思う。それはどうも借りもののような気がした。今，私がいる現場で，今，保育している子どもたちを主役にしていきたい。

　そこで，もっと，一人ひとりの子どもを見つめてみようと思い至った。保育の原点は子どもという塊ではなく，一人ひとりの子ども自身にあるということである。子どもたちの心に添ってみよう。よいとか悪いとか，ふさわしいとかふさわしくないと判断する前に，子どもは何を感じ，考え，求めているのかを受け止めるということである。同時に私自身にも向き合って，感じること，考えることを大事にしてみようと，保育の主

役を「私たち」に。

　たとえば，子どもたちは「うんち」や「おっぱい」「おなら」と下ネタが好きである。それを否定するのではなく，そこに魅力を感じている子どもがいるという事実を受け止める。それまで「うんち」というタブーな世界に，1981年初めて『みんなうんち』（五味太郎＝作・絵　福音館書店）という本が出された。画期的なことであったと記憶している。

　近年では『うんちっち』（ステファニー・ブレイク＝作　ふしみみさを＝訳　あすなろ書房）が，子どもたちに人気である。これも，読んでいて笑ってしまう，自分の子ども心に火をつけてしまう作品である。何ともユーモラスに子どもを受け止めている作品である。

『みんなうんち』

『うんちっち』

　子どもたちがいて保育という仕事がある，という当たり前のことに気が付く。そして，その子どもたちをどう受け入れ，大人としてどう接していくのかという当然の姿勢が生まれた。その場，その時間を共有するからこそ，この子たちに見せたいジャンルの絵本，見せたい絵本が浮かんでくる。絵本のカリキュラムがあって，子どもたちに提供していくということもあっていいと思うが，それだけでなく，子どもたちの姿があってこそ絵本を導入していく保育ができるといいと考える。

　そのためには，保育者がたくさんの本を知っている必要がある。今は多様なジャンル，多数の絵本が日々出版されている。まずは自分の記憶に残っている本から見直すといいだろう。長年，版を重ねている本も頼りになる。自分で読むだけではなく，読んでもらう子ども側に身をおくことも必要だ。それぞれが気に入っている本をもち寄って読むことはか

なり有効である。

　ともかく，知りたいと求める気持ちがスタートなのだ。入り込めば，きっと，絵本は人間の本質をつかんでいることに気付くだろう。パソコン，ゲーム，テレビ等，流される文化に囲まれている現代人であるが，子どもたちには，人として，じっくりゆっくりと育っていってほしいと願っている。あくまでも，子ども自身が豊かな子ども時代を過ごすために，流されない文化を提供していきたい。

（柴田）

① 自分がお気に入りの絵本を30冊，リストアップしよう。ただし，物語絵本のみではなく，昔話絵本，赤ちゃん絵本，科学絵本，幼年童話等，様々なジャンルの絵本が入るよう，意識しよう。

② そして，その30冊の絵本の中から，子どもはその個々の絵本から何を感じ取ることができるか（子どもの経験内容）を書き出してみよう。

③ 絵本を読み聞かせることの意味（意義）について，テキストからまとめよう。

④ 自分が魅力的な絵本をプレゼンできる資料を作成しよう。

⑤ 絵本から，子どもの活動がどのように生まれるだろうか。絵本を1冊挙げて，子どもの遊びが生まれるような架空の事例を書き出そう。

引用文献

◎内田伸子編『よくわかる乳幼児心理学』ミネルヴァ書房，2008年
◎秋田喜代美ほか「杉並区ブックスタートパイロット研究――赤ちゃんと絵本の出会いに関する縦断研究」NPOブックスタート委託助成研究報告書，2005年
◎森俊之ほか「ブックスタート経験の有無が子どもの生活習慣や読書環境等に及ぼす影響」『仁愛大学研究紀要　人間学部篇』第10号，2011年，61-67頁

参考図書

◎ 秋田喜代美ほか「ブックスタートプロジェクトにおける絵本との出会いに関する親の意識（1）――4ヵ月でのプロジェクトの効果」『日本保育学会大会研究論文集』2002年
◎ 中村柾子『絵本の本』福音館書店，2009年
◎ 原崎聖子・篠原しのぶ「母親の乳幼児養育に関する調査：ブックスタート事業との関わりから」『福岡女学院大学紀要　人間関係学部編　第6号』2005年
◎ 原崎聖子・篠原しのぶ「母親の乳幼児養育に関する調査：ブックスタート事業18ヶ月児を中心に」『福岡女学院大学紀要　人間関係学部編　第7号』2006年
◎ 原崎聖子・篠原しのぶ・安永可奈子「母親の乳幼児養育に関する調査：ブックスタート事業36ヶ月児を中心に」『福岡女学院大学紀要　人間関係学部編　第8号』2007年
◎ 松居直『絵本のよろこび』NHK出版，2003年
◎ 松居友『昔話とこころの自立』教文館，2013年

第7章 言葉の遅れがある子どもと保育内容

言葉は人が社会で生きていくためのコミュニケーション手段の一つとして重要なものである。子どもは幼稚園や保育所等，初めての社会集団に出て他人とのコミュニケーションが必要になる。そのような状況において子どもの「言葉の遅れ」は，保護者にとっても保育を行う保育者にとってもひじょうに気にかかる部分なのである。

その「言葉の遅れ」には，いったいどのような要因が考えられるだろう。本章では，そのような「言葉の遅れ」について，障害種別や事例等をもとに考えていきたい。

第1節 言葉の遅れとは

1 言葉の育ちと遅れ

　言葉の育ちは，まだ話すことができない赤ちゃんのときから始まる。母親や家族が育児をするときに，たくさんの声かけをしたり，赤ちゃんの行動に対しすぐに反応を返すことにより，言葉が芽生えてくる。これは，赤ちゃんのときだけでなく，幼児期へと成長したときにも変わらず注ぎ続けていく。このような環境が整っていると，言葉は健全に育っていく。

　しかし，同じような環境であっても言葉の遅れはある。その要因には，難聴，知的障害，発達障害，脳の器質的損傷，口腔の構造や機能の問題，脳性麻痺，吃音等がある（次節で詳しく述べる）。また不良な言語環境でも，言葉の健全な育ちが見られなくなる。子どもの言葉の遅れが気になるとき，専門機関に発達検査等を依頼しその要因を特定することによって，適切な関わりがはっきりすることもある。

　その一方で，他の人とうまくコミュニケーションをとるために言葉を使うというのは，言葉の遅れがある子どもにとって必須ではないのだが，子どもがコミュニケーションのために言葉を使うことには理解しやすさ，使いやすさ等，はっきりとした利点もある。

　コミュニケーションは，表出と受容が別々に習得される。話し手が発した情報（表出）が聞き手に伝わり，理解（受容）される。そして，相手から反応が返ってきたこと（表出）によって，伝わったことが分かる

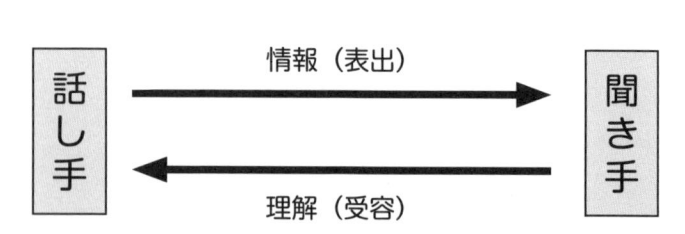

情報（表出）

話し手

聞き手

理解（受容）

・表出性コミュニケーション：メッセージを伝えるために言語を用いる
・受容性コミュニケーション：他者からのメッセージを理解する

（受容）を繰り返している。

　これらの流れに何らかの不具合を生じる場合，言葉の遅れが疑われる。発語がない，発語機能がない場合は，表出の困難さが見られ，聞き取ることや言葉の意味を理解することにむずかしさがある場合は，受容の困難さが見られる。

2 言葉の遅れのある子どもへの配慮

　言葉の育ちには個人差がある。言葉の遅れを見極めることはひじょうにむずかしく，保育をする上で配慮が必要かどうかを判断することも重要になる。そのような言葉の遅れや障害のある子どもも無理なく保育活動に参加できるようにするためには，個別の指導計画を作成し，一人ひとりの子どもの状態に合った保育内容を展開することが求められる。

　保育者・園全体で共通の理解と把握をし，個別の指導計画をもとに行われる柔軟な保育によって，言葉の遅れや障害のある子どもが安心して楽しめるように配慮をしていくことが重要である。

 第2節　言葉に関わる障害や課題について

　第1節の1項で簡単に述べたが，言葉の遅れを引き起こす要因としてどのような障害や課題があるのか詳しく見ていく。

1 聴覚障害

音の聞こえが不自由である，または耳がまったく聞こえないか，それに近い状態であることをいう。音を聞き分け，受け入れることは，言葉の発達にとって重要である。なぜなら，自分自身の声が聞き取れず，発声が正しくできなくなるからである。

聴覚障害者には，音声言語を習得する前に失聴，または耳が聞こえず言語を発声できない聾唖者，聞こえにくいけれどまだ聴力が残っている難聴者，音声言語を獲得した後や，成長してから聴覚を失った中途失聴者，加齢により聴力が衰える老人性難聴者等が含まれる。

2 構音障害

「さしすせそ」が言いづらいといった，発音が正しくできない状態をいい，機能的なものと器質的なものに分けられる。機能的な構音障害は，聴覚障害や音韻に関する認知の発達の遅れが原因である。器質的な構音障害は，口蓋裂のような運動に関わる神経系の障害が原因である。

幼児期は言葉の発達の途中であり，生後数か月で喃語が現れ，その後おおよそ6，7歳頃までに構音は完成する。小学校入学以降も正常な構音を獲得できていないことがあれば，さらに注意が必要になってくる。また，構音障害がいじめの原因となり，二次的な障害として言葉の発達に影響を及ぼす可能性があるので注意する。

3 知的障害

知能の発達が遅れていて知能指数（IQ）が70〜75以下の状態であること。適応行動が困難であること。これらの状態が18歳以前に生じること，という3つの条件を満たす場合をいう。日常生活や園生活の上で知能を使う行動に支障があり，言葉の発達に遅れを抱えることがある。ダウン症は染色体異常を原因とする病理型の代表例としてよく知られており，言葉の理解に比べて，言葉を表出することに遅れがある子どももいる。

4 自閉症

　生まれつきの脳の障害で，社会性の障害，コミュニケーションの障害，パターン化した興味や活動，という3つの特徴をもつ障害である。人と関わることがむずかしく，視線を合わせないことや人との独特の関わり方（関わらないということも含む）が特徴的である。実際には保護者に「言葉の遅れ」として気付かれることも多い。

　最近では，自閉症，高機能自閉症，アスペルガー症候群，すべてを含め自閉症スペクトラム障害（ASD）という呼び方で総称される。

5 発達障害

　子どもが成長していく過程で，何らかの理由で心身の機能の発達が困難な状態をいう。一般的な子どもが自然に獲得する技術が，なかなかうまく獲得できない。発達障害群には，自閉症，高機能自閉症，アスペルガー症候群，注意欠陥多動性障害（ADHD），学習障害（LD），これらに類する脳機能障害がある。また，これらは症状や兆候が一人ひとり違って見えても，みんな共通した問題が見られるため，これらを総称して発達障害と呼ぶ。

特徴（共通点）
・社会性が育ちにくく，コミュニケーションがうまくいかない。
・興味や関心の向かうところが狭い。
・言葉の遅れがある。
・感覚が敏感（接触に過敏さを示す／いやがったり，耳ふさぎをしたり鈍感だったりする音がある／怖がったり，嫌ったり，引きつけられたりするものがある／偏食が多い，少しのにおいにも敏感に感じる／けがをしても痛みが分からなかったり，暑さ寒さが分からなかったりする）。

　発達障害は，どれなのかということを特定するのはむずかしく，幼児期に特定することに重きをおくものではない。そのため，つながりのある発達障害や自閉症スペクトラム障害ととらえられていることが多い。

発達障害

・注意欠陥多動性障害（ADHD）：多動，衝動性や集中力の欠如。
・学習障害（LD）：聞く，話す，読む，書く，計算すること等が困難。
・ほか，これらに類する脳機能障害。

自閉症スペクトラム障害

認知，学習，言語やコミュニケーション能力，社会性の発達，
運動面等，広い領域にわたって発達の不均衡や偏りがある。

・自閉症：ものごとへの強いこだわり，言葉の遅れ等がある。
・高機能自閉症：知的障害を伴わず，知能指数が高い（IQ70
　　　　　　　　以上）自閉症。
・アスペルガー症候群：暗記力，記憶力に長けている等，知的
　　　　　　　　　　　障害のない自閉症。高機能自閉症の一つ。

6 脳性麻痺

　新生児期までにおいて，何らかの原因で受けた脳の損傷によって引き起こされる運動機能の障害のことを指す。運動機能の面で正しい口の動きができず，言葉が不明瞭なことがある。また認知の障害等があり，言葉が遅れることもある。

7 緘黙（かんもく）

　原因によらず明瞭な言語反応が少ない，またはほとんどない状態で，話さず押し黙ることをいう。言語能力（発語・理解）はほぼ正常であるにもかかわらず，何らかの要因によって，あらゆる場面，あるいは特定の場面においてのみ，言葉を発しない状態を指す。家ではふつうにおしゃべりするのに，学校等の特定の場面や状況で話さなくなることを場面緘黙症という。家では問題なく話すため，長い間気付かれず，保育者から言葉を話していないという現状を聞いて驚かれる保護者が多い。

　保育所や幼稚園ではまったく声が出ず，誰とも話すことができない子どもや，決まった友達とならば話せるという子ども，聞かれたことには

答えられるが，自分からは話しかけられない子どももいる。このような
とき，子どもは自分の意思で「話をしようとしない」のではない。その
子ども自身もなぜ話せないのか分からないということ，不安や緊張のた
めに「話せない」ということを，保育者は理解する必要がある。

8 吃音

　短い音，ひとまとまりの音，音の塊（単語）を何度か繰り返したり，
長く伸ばしたりすることが特徴である。話の流れをさえぎり，一時的に
音のない状態が続く等，言葉がスムーズに出てこない状態のことをいう。
　幼児期に生じる吃音は，言葉の発達の遅れに伴うものもある。脳機能
の中にある，言葉を操る部分の発達の遅れと関係している可能性がある。
しかし，言葉の遅れのあるすべての子どもが吃音を伴うわけではなく，
ほかの要因，特に心理的な要因も考える必要がある。

9 児童虐待

　身体的虐待，性的虐待，ネグレクト，心理的虐待の4種類に分類され
る。児童虐待は，子どもの心身を傷つけ，ときには，その小さく尊い命
さえも奪ってしまうという，子どもたちの基本的な人権に対する重大な
侵害であるだけでなく，その後の健やかな成長や人格形成等に深刻な影
響を与えるものである。子どもは虐待によって，対人関係が築きにくく
なったり，社会性が乏しくなったりと，コミュニケーション能力の低下
から言葉の遅れが見られるという報告もある。

10 他機関との連携について

　言葉の遅れや障害のある子どもの保育を考えていくときに，保育所や
幼稚園が単体でがんばっていても限界がある。できるならば，その一人
の子どもに関わる多くの療育や医療，地域等とつながり，理解して助け
合っていくことが必要である。一人の子どもを多方面から様々な視点で
とらえていくほうが，支援方法が明確になる。そのためには，保育所や
幼稚園も含めた，それぞれの活動内容の理解や信頼関係づくりが重要で
ある。

第3節 言葉の遅れがある子どもへの保育活動例

1 乗り物遊び

> ねらい：順番待ち／静かに聞く／注目する／ルール理解
> 準備物：①口を閉じる絵カード　②順番を待つためのボード
> 　　　　③子どもを乗せるワゴン

　子どもが席に着いた後，口を閉じる絵カードを示し，口を閉じて保育者の話を静かに聞くことを伝える。その後，着席して待つ，順番ボードに参加している子どものカードを貼り，順番が終わればカードがなくなる，一人の順番につき1周等の簡単なルールを伝える。ワゴン（カゴにタイヤがついたもの）に子どもが乗り，保育者がワゴンを押してクラスを1周する。終わった後，椅子に着席して待つことを促す。

〈活動のポイント〉

・学習態勢（参加する／静かに聞く／順番を待つ／交代する等）の形成がねらいなので，初めのほうは，椅子に座らせたり，順番を視覚的に示したり等の物理的な構造化を行う。
・着席して待つことに慣れたら「きちんとすわる」や「じゅんばんにならぶ」等の絵カードを用いた指示を新たに増やしていく。
・子どもたちが楽しめるように，コースをサーキット場にしたり，駅を通過するような線路にしたりする。順番待ちに対して動機づけられるように，魅力的な乗り物遊びにしていく。

口を閉じる絵カード

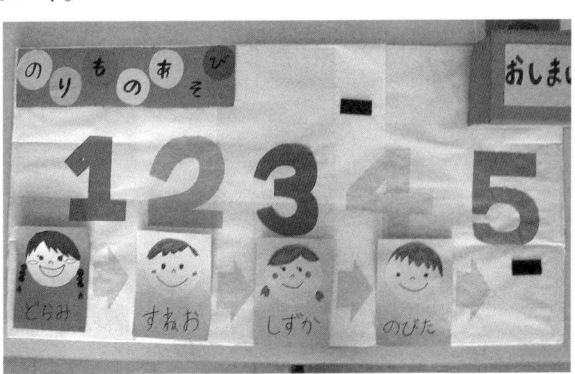

順番を待つためのボード

2 ごっこ遊び

> ねらい：見通しをもつ／手順に沿って動く／苦手なことの克服
> 準備物：①手順ボード（絵カード）②シール，シール帳
> 　　　　③人形　④そのほかに必要なもの（内科検診ならば聴診器，
> 歯科検診ならばミラー・歯ブラシ等）

　生活場面で出合う出来事をごっこ遊びを通して練習し，見通しをもってこなせるように促す。ここでは，内科検診・歯科検診・洗顔・爪きり等を事前に行うことで，どのようなことをするのか，またどの程度で終わるのかを経験する。検診で行われることを手順ボードで示し，最初は保育者が人形等で実際に行って見せることで，子どもに見通しをもたせる。保育者がやって見せたら，子どもに人形を渡して，今度は子どもに検診を受ける役を演じてもらう。不安が強く起きる場合（たとえば，聴診器をあてる等）には，歌を歌う（おなかをぺたぺた♪　おなかをぺたぺた♪　おなかをぺたぺた♪　さぁおしまい）等をして不安の軽減を図る。子ども役を演じたら，シール帳にキャラクターシール等を貼っていく。

〈活動のポイント〉

・保育者が人形で事前にやって見せ，見通しをもたせる。手順は短くシンプルにする。
・子どもが不安を強く示すことは無理に行わない。見せるだけで終わらせたり，紙芝居やパネルシアターで楽しいお話を聞かせたりして，徐々に慣れるようにする。

手順ボード（絵カード）

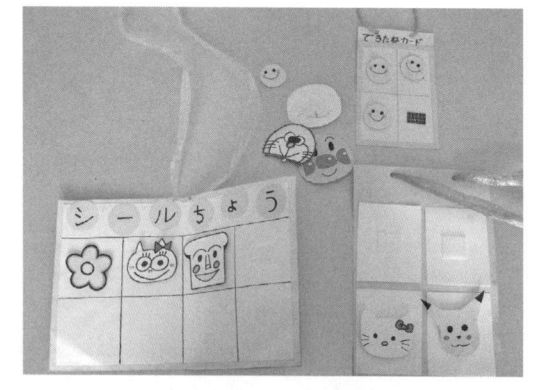

シール，シール帳

3 おままごと

ねらい：見通しをもつ／手順に沿って動く／苦手なことの克服
準備物：①ほめる言葉カード（絵と文字カード）　②おままごとセット
　　　　③シール，シール帳　④人形

　人形や家セットでおままごとを行う。初めは保育者2名がママ役，タロウ役（いたずらな子ども：女の子ならハナコ）を演じ，タロウは玩具を散らかす，ごはんの時間だけど食べようとせず遊んでいる，犬をいじめる等の悪いことをする。「だめですよ。〜しなさいね」と，ママがタロウをしつけるといったことを子どもの目の前で演じ，タロウが言うことを聞くと，ママは「いい子ね。よくできました」とほめる。子どもをほめることができたら，ママ役のシール表にシールを貼る。
　まず子どもがママ役になり，タロウ役（保育者が担当）を「ダメですよ。〜しなさい」としつける。タロウが言うことを聞いて，ママが上手にほめることができたらシールがもらえる。

〈活動のポイント〉
・子どもが大人役をするといった役割交代を通して，家でのしつけや支援について肯定的にとらえていくように促す。
・悪いことをするといった不適切なモデルを強調しすぎてしまうと，マイナスのほうに学んでしまう可能性があるので，適切な行動に十分に焦点を当てる。

ほめる言葉カード（絵と文字カード）

おままごとセット

4 フルーツバスケット

> ねらい：ルール理解／聴覚的理解／役割交代
> 準備物：①鬼の立ち位置を示すマット　②ルール表・ルールを守れた
> 　　　　子ども・鬼にならなかった子どもを発表するボード
> 　　　　③椅子（人数分）

　フルーツの名前でグループ分けを行う。写真やイラストを多く取り入れたルール表で，ゲームのルールを説明する（鬼はマットの上でフルーツを発表する。言われたフルーツの人は移動して，隣の席以外の席に座る。座れなかったら鬼になる）。ゲームが終わった後，ルールを守れた子ども，最後まで鬼にならなかった子どもをボードに発表し，フィードバックする。

〈活動のポイント〉

・鬼になりたがる子どももいるが，最後まで鬼にならなかった子どもを発表する等して，鬼にならないことを動機づける。
・鬼の位置にマットを置く，鬼にならなかった子どもにシールを貼る等の視覚支援を十分に行う。
・声の大きさ，発表のタイミング，席を立つタイミング等で子どもたちが混乱しないように，保育者は個別対応やメリハリのある仕切りを行う。

鬼の立ち位置を示すマット

ルール表

第4節 事例から見る言葉の遅れと障害のある子ども

1 言葉は少ないが，数字や文字等に興味がある子の場合

事例1

　音の出るおもちゃやパズルで遊んだり，積み木や粘土をちぎったり並べたりすることが大好きな4歳児のゆうきくん。数字や文字にも興味があって，数字のカードを順番に並べて楽しんでいます。

　「いや」「ばいばい」「やって」等は話すようになりましたが，まだまだ言葉は少なく，泣いたり，大人の手をとって要求したりすることが多く見られます。一人遊びがほとんどでこだわりが強く，自分の並べているカードをさわられると，怒ってかんしゃくを起こします。また，自分の遊びたいパズルがあると取り合いになって，ほかの子どもにかみついたり，引っかいたりする姿も見られます。少しずつ人への関心も出てきているようですが，まだ友達と一緒に活動することはむずかしいようです。ゆうきくんが落ち着けるようにとクラスに好きなおもちゃを置いてみましたが，長い時間そこにとどまることはできません。

　自閉症スペクトラム障害の傾向が強く，行動や遊びに"こだわり"があるならば，それらを「やめさせる」とか「なくそう」と考えるのではなく，楽しみにしている"こだわり"に寄り添うことも考えてみる。たとえば，数字の何に興味があるのか，どのように楽しむのかを保育者が知っていくことである。そして，その子どもの遊びを取り入れて，クラスの仲間との遊びに展開できないかを検討する。

　ゆうきくんは，自分の好きな遊びに夢中になっていることで安心する。好きな遊びを保障された中で，安心して幼稚園の生活を過ごすことができる。保育者がゆうきくんの遊びを認めることで，クラスの仲間もゆうきくんを認めていくことができる。この場合は，数字や文字に興味をもつゆうきくんの遊びをクラスの仲間で行うことで，ゆうきくんも認められた安心感から，クラスにも居場所を感じるようになっていくだろう。

　クラスの友達と同じ活動をさせたり，一緒に遊ばせたりしようとする保育をするのではなく，ゆうきくんの存在を自然と子どもたちに浸透させ，保育者が先頭に立ってゆうきくんの存在を認めていくことの積み重ねをしていくことが大切である。物の取り合い等が生じたら，「貸して」

等の言葉をゆうきくんが伝えられるような関わり方をしていく。

2 自分から遊びや友達の中へ入っていかない子の場合

事例2

みゆきちゃんは，入園2年目の年中児です。入園前に数回の入退院を繰り返し，視力が弱いのでメガネを使用しています。

意欲的な活動への参加は少なく，朝の仕度等は一つ一つ保育者が声をかけないと進みません。誰かに振り向いてもらおうという意識もなく，立ち尽くしている状態です。また，遊びや友達への関心も低く，自分から遊びたいことを見つけて過ごすこともありません。表情も乏しく，自分の思いや感情を表現することがないように感じます。

年中になり半年たった今でも，自分一人で何かをしようという動きはなく，人の多さや周りのスピード感に圧倒されている様子です。

自分から「入れて」「やりたい」と言葉にして言えない子でも，何か小さなサイン（表情や動き等）を出しているかもしれない。遊びに関心を示さず，自分からほかの子どもに関わったりしないとのことであるが，表すサインは少なくても何か興味・関心を示すことはあるだろう。

そっとそばに来てたたずんでいたり，友達のそばでじっと見ていたり，気持ちや思いの出し方は様々ではあるが，そのサインの中にみゆきちゃんの思いを感じることが大切である。

みゆきちゃんがリラックスして楽しむために，人数や年齢等を考えて，保育者がリードして遊びを楽しむのもよい。3，4人の友達の中で周りの友達の活動の様子や笑う表情を見ているうちに，無意識のうちに力が抜けて，自然と言葉で気持ちを伝えることもあるだろう。そのためには，状況ごとに遊びやメンバーを考えて工夫していくことが大切である。固定したグループをつくって決まりごとのように遊ばせようとするのではなく，あくまでもみゆきちゃんが楽しむために自然とその場でつくられていく仲間であり，遊びの様子により流動的に変化していくものである。わらべ歌やリズム遊び等，簡単に口ずさめるような遊びや，具体的にイメージをしやすい遊びを繰り返し何度も行ってみる。

その場は，子どもたち数人しかいないような静かな場所であり，子どもたちと保育者だけが楽しんでいる。そして，保育者が常に自分を支えてくれていると，みゆきちゃんが実感できていることが重要になる。

3 コミュニケーションが苦手で，友達に興味を示さない子の場合

事例3

　園生活2年目の年中男児のまことくん。クラスで落ち着くことができず，集団での活動を無視するかのように，興味のあるところへ一人で自由に歩き回って過ごしています。「かして」「ちょうだい」等，簡単な言葉でのやりとりはできますが，自分の気持ちをうまく伝えられずにいます。機嫌のよいときは，笑顔もかわいく人なつっこいまことくんですが，自分の思いどおりにならないと，泣いて大騒ぎになり，気持ちを落ち着かせるのには時間がかかります。

　文字や数字，記号にとても興味や関心があり，満足するまで紙に描き続けます。積み木遊びや，歌や音楽も好きですが，ほとんど一人遊びです。クラスの友達と関わりをもってほしいと願っているのですが，なかなか糸口が見えてきません。

　まことくんに具体的な言葉がなくても，興味のある文字や記号に注目し，その興味に寄り添って共に楽しむ。そばで同じものを見ることで，コミュニケーションが生まれ，まことくんが楽しみと感じていることに保育者も共感することができる。同時に，まことくんの今まで見えなかった一面も知ることができるだろう。

　保育所や幼稚園は友達と遊び，集団で生活する場であるから，保育者が何とかみんなと一緒に過ごせないか，子ども同士の関係が育たないかと考えるのも当然だろう。しかし，無理に集団行動をさせようとするのではなく，ありのままのまことくんを受け入れてくれる保育者の存在も，まことくんにとって園の中の大切な居場所となる。

　たとえ言葉は少なく友達に興味を示さない子どもでも，その子の今の様子をしっかりとらえ，手順を踏んで関わることで，しだいに保育者とのコミュニケーションも増えていくだろう。まず，その子の得意とする興味や遊びを知り，関わり始めること。その得意とするものを中心に保育者やほかの子が加われるようになれば，一人遊びが多かった子にも，自然にほかの子との関わりが増え，コミュニケーションや言葉の広がりもできていくのである。

4 言葉で気持ちを表すことが苦手な子の場合

事例4

　なつみちゃんは発達障害があり，気持ちを言葉で表現して伝えることがむずかしいようです。保育者との関わりをよく求めますが，言葉での要求はなく，近づいてきては手を引くといったことが多いです。また，歌が大好きで，歌が始まると両手で保育者の手をとり，手拍子をしてほしいと言っているかのように保育者の手を動かします。その一方で，突然不機嫌になることもあり，泣き叫んだり，床や地面にあごを何度もたたきつけたり，自分や人をかむこともあります。そのたびにクラスの活動が止まってしまいます。

　言葉で伝えることができない，なつみちゃんの気持ちを保育者は分かってあげられないことが多いのです。そのため，なつみちゃんへの理解や関心は，ほかの子に広がらない感じがしてなりません。そんななつみちゃんに対して，まったく関心を示さない子も出てきました。

　クラスで，どのようにしてなつみちゃんを受け止めていけばよいか，保育者としてなつみちゃんとどのように向き合うことがよいのか，常に考えさせられます。

　言葉で気持ちを表すことが苦手な子どもは，周りの人にとっても思いや気持ちがつかみにくく，友達との関係も築きにくい。そのような場合，まず保育者が子どもと一緒に思いっきり遊び，コミュニケーションを築いていく，それが仲介となり子ども同士の関係がしだいに生まれていく。その結果，徐々になつみちゃんに関心をもった子どもが現れてくるということが望まれる。そのような関わりが築かれていくと，なつみちゃんも楽しく過ごす経験ができるだろう。保育者との遊びが，コミュニケーションが生まれるきっかけとなることは多い。そのきっかけから，子どもたちとなつみちゃんとの関わりが広がる。

　さらに，なつみちゃんと特定のある子どもとの間で認め合う関係ができていけば，それは子どもたち同士の関係の広がりにも結びついていくだろう。関係が広がれば，やはりその子の園生活もより楽しいものとなる。たった一人との間でも，密な関わりができていけば，それはほかの子との関係にも広がるかもしれない。さらに，保育者がそれらを支えることが必要だろう。

5 人と関わることが苦手な子ども

　3年保育で入園したなぎさちゃんは，一人での移動が困難なために大人の手助けが必要で，移動には「バギー」を使用している。入退院を繰り返していることもあり，年長になった当初も母子分離がむずかしい様子で，大人がそばを離れると，不安で泣いてしまう。言葉はなく内言語（心の中で用いられる発声を伴わない言語）が豊かでいろいろなことに意欲的だが，言葉によるコミュニケーションがむずかしく，指差しやうなずき，表情，発声で応じている。母親にはなぎさちゃんの言いたいことを理解できるが，保育者はなぎさちゃんが伝えたい思いをくみ取れないことがあった。保育者は，なぎさちゃんの気持ちを受け止める方法を考えつつ，友達の中で園生活を楽しんでほしいという願いをもった。

　ある日，お弁当を食べながら，保育者が「今日，何して遊んだの？」と子どもたちと話していると，なぎさちゃんはほかのグループの子を指差し，一生懸命何かを伝えようとしてきた。みんなが落ち着いているお弁当の時間だったので，保育者にも気持ちにゆとりがあり，「誰？　ゆきちゃん？」「おうち？」と，保育者はなぎさちゃんのサインを受け止めることができた。これまでなぎさちゃんの思いをうまく受け止められず，互いにもどかしさがあったが，なぎさちゃんの言いたいことに初めて気付くことができ，保育者として嬉しくてたまらなかった。その場にいて共に楽しんだからこそ，なぎさちゃんの心の声が聞こえ，共感できた。

　このことがきっかけとなり，どうしたらなぎさちゃんがみんなに気持ちを伝えられるだろう，本当は何がしたいのだろう，友達にそれを伝えて，一緒にできることはないだろうかと考え始めた。

　まず保育者は，なぎさちゃんが名前を出して友達に呼びかけたら，その相手も嬉しいのでは，と考えた。名前にあたる手話をみんな覚えることはむずかしいので，もっと簡単なその子らしい「サイン」をなぎさちゃんの前で一人ずつ相談した。自分の好きな動物や食べ物等を決め，1枚の紙にそれぞれが絵を描いてみんなに紹介していった。たとえば「けんたくん。クマが好きで，いつもガオーッてしてるよね」と話すと，両手を熊の手に見立て，すぐになりきるけんたくん。顔を見合わせて笑い合い，本人が納得すると，その子の名前にあたる「サイン」が決まっていった。

また，みんなの関わるきっかけになってほしいと思い，「身近な気持ちを伝える手話」をクラスで紹介してみた。なぎさちゃんの母親にも具体的に使いたい手話について相談すると，快く療育の先生に聞いてくださった。クラスでもさっそくみんなに紹介すると，「家にベビーサインの本あるよ」と本をもってくる子どもや，「手話と同じものもあるね」と発見したりする姿があった。

こうして手話でみんなと思いを表現し合うことで，仲間との一体感も感じていった。保育者が仲介役となり，クラスの仲間と結びつけいろいろな遊びをすることができ，仲間と過ごしたい，一緒に活動したいというなぎさちゃんの思いは満たされた。互いに伝わる嬉しさは，さらになぎさちゃんを意欲的な園生活への取り組みへと結びつけていった。

また，コミュニケーションの手段として手話を導入したことで，クラスの仲間が手話を覚え，なぎさちゃんと仲間が手話で会話できるようになり，互いに意志の疎通ができるようになった。そして，名前を覚えて，仲間一人ひとりと関わり，コミュニケーションの楽しさを経験することができた。

 第5節 「言葉の遅れ」と保育内容

1 言葉の遅れがある子どもとの関わり

言葉の遅れや障害のある子どもには，クラス担任や障害児担当の保育者が，毎日少しでも1対1で関わる時間をとり，子どもと保育者の人間関係を築くようにする。

一般的には，視力や聴力が低い，身体に不自由がある，言葉に遅れがある等，障害はその子のもつ抜きさしならない状態と見られることが多い。一方，言葉の遅れ等，何か特別な支援が必要であれば，「支援を要する状況＝障害」と考える人もいる。

しかし，言葉の遅れ等は障害児かどうかはっきりしないものの，よく見ると，日常の中でうまくできない生活上のつまずきがあり，そのため，実際の保育場面では，その子への配慮や支援を行っている場合も少なくない。障害かどうかは分からなくとも，支援はどの子どもにおいても必要なのである。

このような例もある。はっきりと分かる障害の状態の子どもでも，保

育者の工夫で，問題なく楽しく保育所や幼稚園の生活を送っていることもある。園や保育者の工夫と努力，またほかの子どもたちとの関わりで，保育や生活上に，まったくといってよいほど支障がない子どもに見える場合もある。障害はあっても，支援の工夫で，実際の困難さはなくなる。

2 保護者への関わり

入園前に必要なこと

保育所や幼稚園では，子どもの成長だけを考えればよいわけではない。子どもの成長に影響が大きい，保護者との関わりや家庭での生活も一緒に考えていかなければならない。保護者との信頼関係づくりがとても大切である。

保護者のかたたちは，我が子のできること，言葉の伸び等，ほかの子どもと同じような成長や発達を望んでいる。しかし，みんなと同じような成長や言葉の伸びばかりを期待するのではなく，その子なりのペースの大切さ，その子らしい姿を共通の理解としながら，子ども同士の中で自然と言葉を獲得していくことを期待していきたい。

保護者のかたたちも，共に実際の子どもたちの変化を理解し，感じていくことを通して，その子の"ありのまま"を受け入れるようになっていく。保育者によっては，「保護者がなかなか子どもの障害を認めない」ともらすことがある。保護者は，ただその子だけを見てきたため，言葉がないことでの課題や，子ども自身が幼稚園で感じる思いや生きにくさが，きっと分かりにくいのだろう。そこで保育者は，認めさせようという態度ではなく，時間をかけて，保護者自身が子どもの"生活のしにくさ"を理解し，受け止められるつきあい方をしていかないといけない。

保護者同士の助け合う"輪"をつくる

子どもの成長に欠かせないものの一つは，保護者にとっての健康的な生活である。子どもが園生活を楽しむには，保護者同士の"仲間づくり"も重要である。多くの保護者たちが，孤立することなく，園生活を楽しむようになっていく。自分の子どもの状態や成長だけに目をやり，ときに神経質になったりすることなく，保護者同士の多くの関係の中で，保護者自身が子育てや活動の楽しみを見いだし，いきいきと活動することが大切である。保護者たちの健康的な姿が，どの子もいきいきと園生活を楽しめることに結びついていくのではないだろうか。

　言葉の遅れや障害のある子について，発表会や運動会等の保護者参加の場面では必ずとりあげ，様々な子どもたちへの工夫，子ども同士が仲間としてどう過ごしたのか，さらに当日の活動の様子，子どもたちの姿から感じられたこと等について，率直に話をしていく。

　思いを共有することを目指し，保育者たちが感じたことを話し，保護者からの話をうかがい，互いの考えを積み重ねることが大切である。

3 保育者同士の関わり

　保育者は，言葉の遅れや障害のある子どもについての専門知識，対応等を研修会等で学ぶことも重要だが，まず園で言葉の遅れや障害のある子どもの行動を観察する。その子どもがどのようなコミュニケーション方法をとり，どのようなことに関心があり，どのような遊びを好むのかを理解することが先決である。そして，観察で理解した子どもの好きな遊びを保育者は一緒に行いながら，信頼関係を築いていく。

　言葉の遅れや障害のある子どもと多く関わったベテランの保育者は，子どもとの信頼関係をつくりながら，遊びを通じて，障害のある子どもと障害のない子どもとの相互作用を形成していく。言葉の遅れや障害のある子どもが，保育所や幼稚園にくることが楽しくなるようなクラスの雰囲気をつくっていく。それは，どの子どもにとっても居心地がいいクラスになるだろう。

　様々な子どもたちと共に保育を展開していくために，いざとなったら園全体で協力していくことができるように，風通しのよいコミュニケーションも必要となってくる。

　たとえば，クラス担任一人がほかの保育者から情報を得られないと，言葉の遅れや障害のある子どもがどこで何をしているのかを把握することができなくなる。そしてしまいには，その子を部屋から出さないような保育になってしまうことがある。そうならないよう，クラス担任一人で悩んでがんばりすぎるのではなく，複数で，あるいは園全体でその子どもを包み込むように理解し，共に生活していけるような環境を考えていく必要がある。そのためにクラスという壁を取り払い，子どもの情報交換がなされ，保育内容等，園全体が見通しがよい状態で助け合う体制をつくる必要がある。

　このように保育者間のコミュニケーションを深めていくことは，日常的な保育の質を豊かなものにしていくことにつながっていく。

4 言葉の遅れや障害のある子どもの保育活動と参加方法

　言葉の遅れや障害のある子どもと障害のない子どもを，ただ一緒に保育しただけでは，自然に相互作用が生まれることは少ない。

　たとえ言葉が遅れていようとも，すべての子どもが尊重され，それぞれの保育ニーズが満たされることが大切である。それまで障害のない子どもを中心にしたコミュニケーションや保育活動であったなら，言葉の遅れや障害のある子どもが参加できる，彼らが興味関心のある方法を取り入れていかなければならない。

　また，クラスでの保育活動も障害のない子ども中心であると，言葉の遅れや障害のある子どもは活動に入ることができない。彼らを無理やり保育活動に参加させようとすると，いやがってクラスを飛び出そうとすることもあるだろう。彼らも関心をもって参加できる保育活動を考えてみると，それには，言葉の遅れや障害のある子どものコミュニケーションや行動，遊びをふだんから観察しておくことが必要である。その子どものコミュニケーションを通じてクラスの仲間との関わりが増えると，彼らもクラスに居場所ができて，一緒に仲間と保育活動をしたがるようになる。保育活動に参加させるためには，順を追って無理なく参加できるように保育者が柔軟に対応すべきである。

5 まとめ

　現在，どの保育所や幼稚園でも，言葉の遅れがあったり，コミュニケーションがうまくとれなかったり，集団になじめなかったりする子どもたちがいる。しかし，言葉がある・ない，障害がある・ないということを問題にすることは，保育を考えていく上であまり意味がない。子どもたち自身が，仲間との生活において，どのような困難さを感じて苦しんでいるのかが問題なのである。その子どもに合った方法で，"みんなが共に楽しむ保育"を考えていかなければならない。これは，保育者と保護者が共にアイディアを出して模索していくべき内容である。表面的に見える部分だけを繕うよりは，その子どもの数年先を考え，そのときを大切にしなければならない。

① あなたの身の周りに，言葉の遅れや障害のある子ども，あるいは生活に困難を抱えて暮らしている子どもはいないだろうか。周りの人たちと共にどのように生活を営んでいるか考えよう。

② 保育所や幼稚園の先生で，言葉の遅れや障害のある子どもを保育した経験のある人に，そのやりがいや苦労を尋ねよう。

③ 子どもの「おかしが食べたい」という要求には，言葉以外にどのような表現があるだろうか。様々な場面を想定して5個以上考えよう。

④ 言葉の遅れの特徴がある3歳児に対して，どのような保育目標と個別の指導計画が立てられるか，検討しよう。

参考図書

◎ 荒木田美香子ほか『発達障害の子どもの理解と関わり方入門』大阪大学出版会，2010年
◎ 飯田順三ほか編『脳とこころのプライマリケア4　子どもの発達と行動』シナジー，2010年
◎ 太田昌孝『改訂版　発達障害児の心と行動』放送大学教育振興会，2006年
◎ 岡田智ほか『特別支援教育——ソーシャルスキル実践集　支援の具体策93』明治図書出版，2009年
◎ 小野次朗ほか『よくわかる発達障害』ミネルヴァ書房，2007年
◎ かんもくネット『場面緘黙Q&A』学苑社，2008年
◎ 小山望ほか編著『インクルーシブ保育っていいね』福村出版，2013年
◎ 子安増生編『よくわかる認知発達とその支援』ミネルヴァ書房，2006年
◎ 中川信子『子どものこころとことばの育ち』大月書店，2003年
◎ 文部科学省「学校等における児童虐待防止に向けた取組について」（報告書），2006年5月

第8章

保育界の動向と
「言葉」をめぐる今日的課題

本章においては,「言葉」をめぐる保育界の今日的課題について触れていく。グローバル社会に必要とされる「早期英語教育」「バイリンガル教育」について,課題となる現状や事例を紹介する。デジタル絵本,点字や布の絵本,文字のない絵本は,子どもたちの「言葉」をとらえるために有意義な情報となるだろう。多種多様な民族や文化,性差・年齢・生活の異なる人たちを理解し,共に生きる社会で求められるグローバル・リテラシーについて思考してほしい。激変する社会や文化を視野に入れつつも,人間本来の豊かな言葉の発達を促す,保育者の深い思考が重要となる。本章の内容が読者自身の視野を含め,新たな言葉研究への動機づけとなることを期待している。

 ## 第1節　早期英語教育

1 英語教育の推進と現状

　我が国で英語教育が国民教育の一環として義務教育の中に取り入れられたのは,1947年の教育基本法制定以降である。現在,世界60カ国以上が英語を第一言語・公用語・準公用語としている。インターネット・メディアの普及により,グローバル・リテラシー(国際的対話力)としての英語は国際共通語となっている。このような現状を踏まえ,さらに,21世紀世界経済社会を視野に入れ,文部科学省は,2002年「英語が使える日本人」育成を含め英語のコミュニケーション能力を身に付ける方針を示した。当初,小学校教育課程では「国際理解教育」の一環として実施されていた英語教育であったが,2011年の新学習指導要領の全面実施によって,第5,6学年で年間35単位時間の「外国語活動」を必修化した。通常の教科を第二言語で行うイマージョン教育も試行されている。しかし,日本人の英語力の低さと課題が,2013年7月23日号の日本語版ニューズウィークで特集された。

　早期英語教育は,脳科学研究成果を教育研究に応用し,新たな視点で教育界の刷新を試みる経済協力開発機構(OECD),科学技術振興事業団,文部科学省等の動向も影響している[1]。この内容には,乳幼児期・学齢

期の高次脳機能（読み書き，計算，言語等）の発達と感受性期の解明，乳幼児の言語獲得の過程の脳との関連解明，外国語習得度と習得開始年齢との関係（第二言語獲得の臨界期）等も含まれている。しかし，人の言語の発達や学習機能はひじょうに複雑で，不明な点も多く，脳科学研究でも解明されていないのが現状である。他方，多くの情報が大衆に開示され，特化した解釈によってバイリンガル神話や英語耳の育成等が話題となっている。バイリンガルに関する感受性期（臨界期／敏感期）に関しても，決定的な実証はなく，様々な解釈がなされている。

バイリンガル育成の立場から見た言語形成期

「一面的に語学力をとらえた臨界期説に振り回されずに，与えられた環境のなかで，その子どもの年齢にふさわしいことばの力を最大限にのばす努力を親や教師はするべきだろう」と，言語学者の中島和子は述べている[2]。2言語習得と2文化習得はほぼ一致するという研究調査もあ

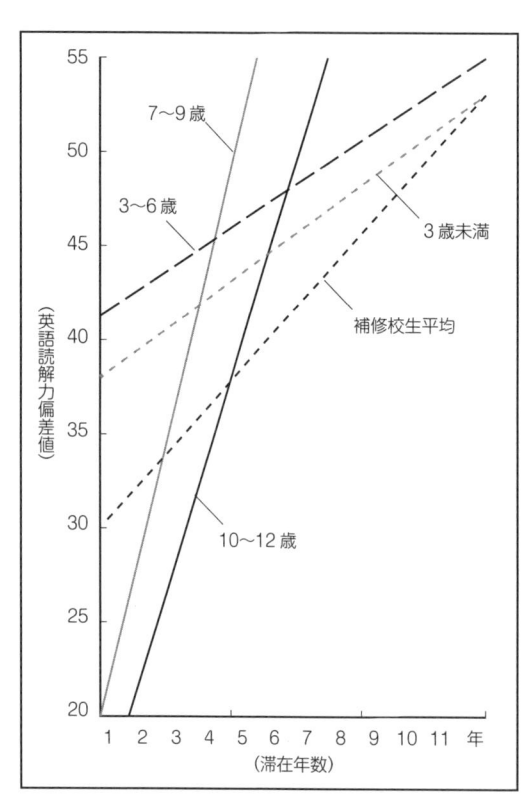

図8-1　入国時年齢と英語読解力
　　　（学年平均に近づく度合い）
中島和子『増補改訂版　バイリンガル教育の方法
　　──12歳までに親と教師ができること』

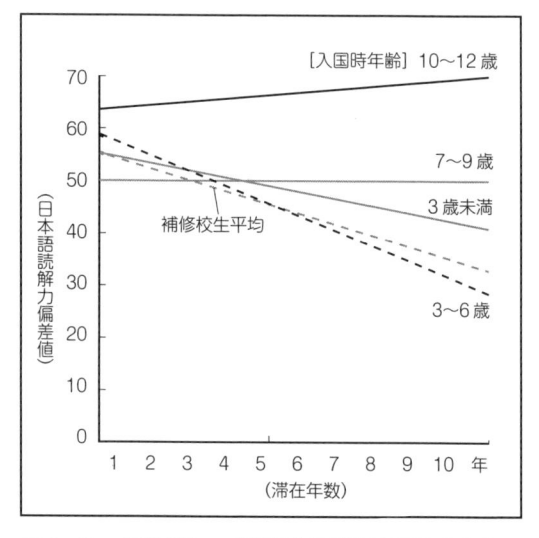

図8-2　年齢グループ別日本語読解力下降の度合い

中島和子『増補改訂版　バイリンガル教育の方法
　　──12歳までに親と教師ができること』

るため，言語のみならず日本と諸外国における保育所や幼稚園が求める行動様式も，文化によって異なることを視野に入れるべきだろう。中島は，言語形成／バイリンガル育成の立場から言語形成期を次のように表している。

親の一方的な話しかけを聞く時期「ゆりかご時代」（0～2歳），自ら言葉を使って周囲に働き掛ける時期「子ども部屋時代」（2～4歳），社会性の発達に伴い友達との遊びも活発化する「遊び友達時代」（4～6歳），家庭から学校という場の影響が大きくなる「学校友達時代前半」（6～8歳）を言語形成前期，さらに，言語形成後期を「学校友達時代後半」（9～13歳）と区分した。0歳から4歳までが母語の形成に重要な役割を果たす時期である。同年齢の子どもと関わるにつれて母語の影響が薄れ，家庭内では母語を自ら使おうとせずに聞き流したりするため，意識的な母語教育が必要となる。

英語圏に入った年齢（3歳未満，3～6歳，7～9歳，10～12歳に区分）と英語読解力が学年平均50点に近づく度合いについて調べた結果，7歳から9歳の間に英語圏に入った子どもたちの伸び率が最もよかった。さらに，読解力の伸びに影響を与える要因を調べた結果，子どもの年齢，母語（日本）の読みの力が，英語の読みの伸びと最も関係があることを見いだした。すなわち，読み書きの基礎が日本語でできている子どものほうが，英語の読解力も学年相応のレベルに達するのが早い。また，日本語の読解力に差が生じてくるのは，3歳から6歳に英語圏に入った子どもたちであった。

2 母語（日本語）と第二外国語（英語）

英語教育，バイリンガル教育に関して，次のような見解が示されている。

1993年開校された西大和学園カリフォルニア校は，幼稚園，小学部及び中学部からなっており，2歳児からの年長クラスは日本式保育及び保育内容を展開している。二つの言語が未発達となるダブル・リミテッド・バイリンガルになることを避けるため，日本語読解力を大切にした母語（日本語）学習を重視する教育方針をとっている。西川勝行校長はホームページにて，次のように語っている[3]。

幼稚園から2年生ぐらいまで，つまり母国語となる日本語の国語力ができあがっていないこの時期に身につけた英語は，ネイティブ

のようなアクセントがとてもきれいですが，帰国後半年で忘れてしまいます。忘れてしまう英語のために現地校に行かせ，その犠牲として国語力・漢字力が遅れている，という状況が一番避けなければならない状況です。

　日本語の国語力をしっかりと身につけさせます。さらに，せっかく英語圏に住まわれているのですから，アメリカ現地校との交流もさかんに導入し異国文化を学びます。そして日本語力を侵さない程度に，英語クラスに毎日行って英語力をつけさせます。お父様の赴任期間が終了し，日本の学校に入学・編入する時には日本にいる子供たちよりも日本の学力をつけていると同時に，英語力はクラスの中でトップになります。

　帰国子女の英語については，小野博をはじめとした研究がある[4]。前述した西川同様に，母語の習得が重要だとする見解が多い。帰国子女の英語力と日本語保持，バイリンガル能力に関する指摘である。発音はよい人が多く，英語を聞き分ける能力，リスニング，発音，リズム，さらに英語の並べ方等が感覚的に分かる等の特徴が見られる一方，一般的な水準に達していないと日向清人は指摘している[5]。海外在住体験のある母親たちによるボランティア団体「フレンズ帰国生　母の会」2003年アンケート調査[6]によると，多くの帰国生が「母語を確立した後に外国語を学び始めたほうがよい」と考えていることが報告されている。

■エピソード1■ 幼児の言語習得 —— 筆者が出会った子どもたち①

　父親のアメリカ留学に2児（4歳児の姉K，2歳児の弟B）を同伴した家族がいた。父親は大学院学生として勉学に励み，専業主婦の母親はコミュニティカレッジに通う等，新たな生活環境に積極的に適応する明朗なタイプ。アメリカでの長期生活も視野に入れた親の判断で，2人の子どもたちは大学内の保育所に通うことになった。2歳になって間もないBは，友達との交流・言葉によるコミュニケーションよりも，一人遊びに没頭する時期にあったため，筆者が訪れた際にも元気いっぱい笑顔で迎えた。しかし，遊び仲間を求める4歳児Kは，英語が話せないため，友達と接する手段もなく，一人で過ごすことが多かった。筆者を見つけるなり，まっしぐらに駆け寄り両手でしっかりとしがみついた。一人で葛藤しているKの思いは強く筆者に伝わった。数日後，園に行きたくな

いと言い出したことを母親から聞いた。母親は「行かなくてもいいのよ。でも，ずっと一生お友達もいないまま過ごすことになるけど，それでいいの？」と話した。その夜，一人で考えていたそうだが，翌朝になると「やっぱり，行ってみる。一人じゃいや」と言って出かけたとのことだった。3か月後に再び筆者が園を訪れると，筆者に「絵本を読んであげる」と，文を指でなぞりながら読んでくれた。指で差す文章の箇所は正しかったし，発音はネイティブ・スピーカーそのものであった。「上手に読めるのね。誰に習ったの？」と尋ねると，「一生懸命にお友達が読んでくれるのを聞いて覚えたの」と答えてくれた。しかし，みんな仲間と遊びたい年齢なので，Kに付き添って何度も繰り返し読んでくれたとは考えられない。極めて少ない聞き取りの機会に必死で集中したKを想像できた。1年もたつと，「あの人（日本人留学生）の英語は何を言っているのか分からない。発音が違う」等と言うため，母親はKに注意を促すほどになった。小学校進学後は自ら進んで学級委員に立候補し務めるまで成長するに至った。

エピソード2 幼児の言語習得 —— 筆者が出会った子どもたち②

　英語教師として男児Tを連れて九州熊本へ移住してきたアメリカ人夫婦がいた。数年たっても，両親は簡単な日常用語以外には日本語の聞き取りも不十分であり，また，流暢（りゅうちょう）な日本語を話すこともできない状況であった。英語教師であったため，英語で過ごす時間が多かったとも考えられる。一方，小学校入学前のTは，満ち足りた園生活を過ごすことによって，日本語を十分に聞き取り，話すこともでき，日本の子どもとまったく変わりない活発な子どもに成長した。一人遊びしている際のTの独り言を，偶然筆者は耳にした。まさに完璧な日本語，熊本弁なまりの日本語で一人遊びをしていた。一人遊びに没頭している際に使用した言葉であるから，その子の言葉として日本語が位置づいていたことが理解できる。

　早期英語教育を執筆しつつ，確実な英語習得に役立つのかという問いが常にある。グローバル的人材の育成，情報機器の急速な進歩とグローバルネットワーク形成等，子どもたちの将来に不可欠であると理解しつつも，戸惑いを感じる。その理由として，以下に記す筆者が出会った教授陣の存在がある。英語習得の時期をうかがうと，どの教授も幼児期からの早期英語教育ではなく，中・高等学校における語学教育が最初であっ

たという。

M教授について：語学専攻であったが，ネイティブにはなれないと悟り，教育学専攻となる。他の教授たちは彼の語学力については知らなかったが，英・仏・独・ギリシア語・ラテン語に精通されていた。当時翻訳本が出版されていないピアジェの著作をフランス語で読み，原書で読む意義を説かれた。モンテッソーリ教育研究の英語文献を通して，読解する意義，論の構築や展開，西欧思想・教育学的背景をも読み取り，思考するご指導をいただいた。

K教授について：五高・東大卒業後，フルブライト留学生でハーバード大学へという経歴の持ち主。「アメリカへは船で行った」とおっしゃっていた。日本語の口調と同様に英語も穏やかでとつとつと話されるのだが，会議を含め専門的内容から日常会話に至るまで，ネイティブ教員全員が尊敬の念を抱いて接していた。素晴らしい英語力・学識者と評されていた。外国人が日本人に対して尊敬の念を抱き，謙虚に接する姿は筆者にとってひじょうに珍しい光景に映った。

H教授について：五高・東大からコロンビア大学院進学，心理学専攻という経歴。ネイティブ教員の公私にわたる相談に応じられていた。カリキュラムや講義内容の相談から病院やビザの件まで多岐にわたり，丁寧に対応処理されていた。当然，彼らの事情を理解し，最適な解決策を出されていた。ときには，日本という環境の中で不適合を起こし感情的な言動をはなつ教員に対しても，理解し受けとめ冷静に対応されていた。

---

3 母語（日本語）と英語

　英語を必要視する日本の親は，ネイティブのような発音を獲得し，ペラペラとよどみなく英語を話せる我が子の姿を思い描く。しかし，いつ頃開始すればよいのか，日本で習得できるのか，塾に行くべきか，どのような教材を使用したらよいか等，教育内容や方法の模索が始まる。保育現場においても，早期英語導入に関しては同じような課題を抱えている。第二言語（英語）の獲得に適切な学習時期の問題は，言語間の距離にあるとピッツバーグ大学教授の白井恭弘は，調査結果を通して指摘する[7]。英語との距離間がない言語を用いるヨーロッパ系学習者では，アジア系学習者よりも統計的に優位な年齢の影響はないというのである。また，英語圏の子どもが英語の絵本を自分で読むためには，必要な英語の発音の基礎となる「音声学」が重視される。しかし，日本の英語教育では普及しておらず，子ども向けの英語教室や一部の英会話学校でしか導入されていない。このような言語間の相違を再確認しておく必要があるだろう。

一般的に，日本語は諸言語と比較して，複雑だといわれている。表意文字の漢字だけでなく，文字自体は意味をもたず音だけを表す基本46文字のひらがなとカタカナがある。日本語は5つの母音「あいうえお」を中心として，大部分の音声がいずれかの母音を含む単純な音素の構造となっている。子音の数は多くなく，単独で発音されるよりも，子音と母音の組み合わせで，「ん」以外は母音で終わる。一文字一文字で音節が切れる（音が分かれる）ため，日本語は音節を意識する必要があまりない言語となっている。他方，英語はアルファベット26文字だが，母音は30近くある。したがって，英語の子音は聞き取れるようになっても，日本人には英語の母音の聞き取りが困難となる。英語の基本の音節構造は日本語と異なり，子音または母音同士の組み合わせで音が多様に変化し，音のバリエーションがひじょうに多い。また，表意文字の漢字とひらがな・カタカナの表音文字とを併用する日本語と異なり，英語は表音文字だけで表現される。したがって，英語では文字についている音を正確に発音させることが重要となる。

　このような言語的相違を考慮すれば，カタカナやローマ字読みで英語を覚えても，ABCのアルファベットが発音できても，英語習得とはいえない。また，英語音の発声には，日本語とは異なる口の動かし方，異なる口の筋肉を動かさなければならない。日本語には，喉の奥から発するような音はないし，聞いた音と書く文字とのずれがほとんどない。すなわち，発音と文字表記が密接に関係しているので，絵本もすぐ読めるようになる。さらに，日本語の特徴としては，欧米の3倍から5倍といわれるオノマトペ，主語や動詞，述語の並べ方（文の構造）も異なる，日本語の助詞とは異なり英語の前置詞は意味がある等，2つの言語の相違は大きい。

　それぞれの言語声域には固有の優勢な周波数帯（パスバンド）があり，母音で終わる日本語と子音で終わる英語は，周波数にも相違が生じる。日本語は125～1500ヘルツで比較的低く狭い周波数帯であり，英語は2000～12000ヘルツ，米語は750～5000ヘルツと言われる。したがって，日本語を母語として育った日本人は低い音を拾ってしまうため，英語の高い音の聞き取りが困難となる。基本的聴覚は脳細胞の消滅と関連する11歳頃までだといわれているが，この周波数と関連した音を聞き取る脳細胞が，脳の聴覚野に残っていたとしても，言語として形成されていくためには脳の言語野と関連した発達が必要となる。

　数や読み書き等の知的教育としてとらえられる教育法に，イタリアで考案され世界的に普及発展したモンテッソーリ教育がある。思想哲学のみならず，医科学を取り入れたモンテッソーリ教育では，言葉に対する敏感期は3歳までが最も強く，6歳まで続くとされている。数や言語教育に関する特殊な教具も考案されている。戦後ドイツで資格を取得し，日本にモンテッソーリ教育を再導入した赤羽恵子は，言語に関して長年に渡り研究を重ね，日本独自の指導法や教材を開発した。現在も，京都の「深草こどもの家」で，日々実践を試みているモンテッソーリ教育第一人者である。赤羽は，幼児期においては一生涯使用することになる母語の習得を優先する。あごの動かし方が「ま・み・む・め・も」と「は・ひ・ふ・へ・ほ」とは異なるような日本語と，唇やのど奥を使う外国語とは習得が異なることも，幼児の発達上考慮すべき点である。母語を使えるようになって，他の言葉に興味をもち，面白いな，使いたいなと思って初めて学ぶのが本来の姿であると赤羽はとらえている。また，美しい日本語の習得のために独自の教材を提供している。1行ずつ板に書いた五十音表を壁にかけておく。文字を紹介する前に，多くの「ことばあそび」（あやし言葉，わらべ歌，指あそび，人形遊び，各種絵カード，絵本等）をした後に，五十音の発音練習を開始する。「あ」のつく言葉を探し出したりした後，「あいうえおの歌」を歌ったりするが，3歳〜4歳児対象に1日1回数分以内で行い「わ行」までは3〜4ヶ月を要する[8]。

4 バイリンガル教育実践の事例

　日本人が実際に第二外国語を自ら実践した二つの事例を紹介しておきたい。共に言語学・英語・バイリンガル教育を専門とする研究者である。両者の異なる点は，家庭での実践にある。判断は読者に一任したい。

　中島和子は，「成長期にある子どもの2言語の発達とそれにまつわる教育問題」について，一般読者にも分かりやすく専門的な見解を示している[2]。言語学を専攻し，英語教育・日本語教育研究者，トロント大学名誉教授でもある。カナダで誕生した子息を育てた体験を交えつつ，研究者的姿勢でバイリンガル教育をとらえている。「バイリンガルの定義で成功した人はまだいないと言われるほど，バイリンガルということばの意味は複雑でとらえにくい」としつつも，「2つのことばをきちんと

使いわける力を持った人」と定義する。

　第二の言語を習得する成功の鍵は，母語・母文化の発達と習得であり，家庭での母語教育を重視する。「家で親が子どもの母語を意識して育てないと，社会性，情緒安定，知的な面の発達が遅れ，子どものことば全体の発達が阻止されたり，遅れたりする」と，家では日本語，一歩外に出たら英語，日本人に会ったら日本語，カナダ人と話すときには英語という使い分けを試みる。子どもが幼ければ幼いほど，大人の意図的な使い分けが必要と説く。英語，フランス語，日本語，ルーマニア語，ドイツ語の語学力を身に付けた子息に関して，中島は「それぞれのことばの力のレベルも質も違うので，実際にバイリンガルなのか，トライリンガルなのか，クワドリンガルなのか当人に聞いてみないとわからない」と述べている。また，日本語でも，よく話せる子，書ける子，口下手な子等がいるように，個人差，多様な生活環境や教育環境も考慮すべきと述べている。「ことばは生活を通して身につけるものであるから，2つのことばが同じ濃度で身につくということは，ほとんど不可能である。またある一時期だいたい同じぐらいの力になったとしても，毎日の生活のなかで使わなくなったことばはさびつくので，2つのことばを同じレベルで維持するのも非常に難しい。とにかくバイリンガルというと，理想的な2言語話者を想像しがちであるが，実際には不完全なバイリンガルがたくさんいるし，むしろ不完全なのがノーマルだとも言える」とも述べている。

　中島は，英語のレベルが十分でない場合には，ネイティブによる音声テープやビデオ利用をすすめている。海外での子育て経験者がすすめるバイリンガル教育は，4歳から6歳では，絵本の読み聞かせを毎日15分でも30分でも実践することらしい。語学力のない親の場合でも，よい「聞き役」になり，共に絵本を見て楽しんだりする「質の高い交流の時間」をもつことで，子どもが自然に英語を習得していく力をつけていくのを待つことも説いている。「日本で子どもが英語を習う場合，もう3ヶ月も英語のテープを聞かせているのだから，何か反応があってもいいのではないかとか，毎週塾に通っているのだから，そろそろ英語を話してもいいのではないかというような根拠のない過度の期待を親が持つ事がある。これは禁物である」と，注意を促す。日々英語で暮らす英語圏であっても英語を習得するまでには相当な年数を要するため，日本で英語教育を実践する場合には，英語を聞き取る耳をつくり，英語に親しむ基礎づくりに徹するべきだと説いている。一日中のべつまくなしに英

語で話しかけたり，英語の歌やお話を聞かせると，子どもがしだいに反応を示さなくなる。

　ハワイ及びスウェーデンで修士及び博士号を取得，英語教育研究者である立命館大学教授の湯川笑子は，自らの12年間におよぶバイリンガル子育てを専門的視点から記録し，独自のバイリンガル教育を著した[9]。中島と異なる点は，海外での英語教育だけでなく，日本の環境において，徹底した自宅での英語環境づくり，英語教育を展開したことである。一般の保護者を対象に著したとしているが，研究者的，教育視点からの貴重な子育て記録・バイリンガル教育実践書といえる。

　本書では同じ研究分野で理解者となった夫と共に，2児の日本及び海外での育児体験を試みている。湯川は，「少しでも可能性があるのなら，存在する危険性のあるその『臨界期』をすぎてしまう前に，ネイティブスピーカーの英語話者が経験するのに近いような言語環境を作ってやって，日本語，英語ともに非常に高いレベルのバイリンガルに育てられぬものかと私たちは望んだ」「世界中のすべての親が，自分がしたかったけれどできなかったことを，我が子にはさせてやりたいと願うように，私たちも，我が子が私たちの理想とするバイリンガルになってくれればと願ったのだ」と，親が抱く率直な気持ちを語っている。結果として小学校6年生で英語検定準1級合格を成し遂げた事実は，多くの親や教師にとっては魅力的な教育方法といえるだろう。しかし著作を読む限り，壮絶ともいうべき夫婦の試み，家族・親族の協力体制，深く鋭い専門性で成し遂げられた教育といえる。

　湯川家の取り組みは，早期英語教育やバイリンガル教育の脳への負担等も専門的に把握しつつ，徹底して日本の自宅で英語教育を展開した。そこには，絵本を毎日読み，英語で会話を行い，英語のビデオ等の教材を入手し，ネイティブスピーカーを自宅に招く等，ありとあらゆる専門的視点から取り組む様子が描かれている。英語教師といえども，読んだ絵本が700冊もあったとは驚くべきことである。

　湯川は，観察記録・言語のみならず環境要素の変化・影響を丹念に記録し，分析している。英語を話さなくなった「4歳児の壁」についても記している。3歳の記録には，「2ヶ国語の区別をきちんとしていることが，まわりの者にもはっきりわかるようになってからも，春希は，自分の言いたい英語に対応する日本語が存在していなかったり，日本語にあっても知らなかったりする時は仕方がないので英語を使う（逆もしか

り）という作戦を長い間使っていた」と記されている。また，「家では英語，外では日本語で話し，幼少時から同時に二つの言語を母語として育つとはいっても，時期によって，そのうちのどちらかが強くなったり弱くなったりすることは起こる」「5歳になると日本語と英語の音節の構造の違いもわかってきたようだった」「子どもが文法を発見している」等，多くの貴重な，発達上生じてくる言語現象が記録されている。

5 アメリカ幼児教育界の動向

　多くの移民を受け入れているカナダとアメリカにおいても，英語教育の方針や方法は異なる。カナダのバイリンガル教育はイマージョン方式のバイリンガル教育であり，「有用な人材をつくるためのいわばエリート育成のための外国語教育」だと中島は指摘する。一方，アメリカのバイリンガル教育は，英語以外の母語をもつ移民を対象としており，英語を重視するモノリンガル教育ともいえる。アメリカはマイノリティ言語の子どもたちの学力低下の解決策として，3，4歳の幼稚園で英語教育を開始した結果，セミリンガル（どの言語も不十分な状態のこと）現象に悩む幼児の数が膨大になっている，と中島は問題を指摘している。

　2002年1月にブッシュ大統領が署名した法 No Child Left Behind Act は，各州が設定した学習習熟度到達基準に向けて子ども全員が達成することを目指したものであった。この法と連動して，すべての子どもが読めるようになることを目指し，Reading First and Early Reading First が推進され，幼稚園・就学前での教育が重視されるようになった。2011年にオバマ大統領は No Child Left Behind Act を撤回したが，Early Head Start に対する大幅予算が 2014年1月に編成された。経済的に恵まれない家庭の乳幼児対象の保育プログラムにおいて，教育，健康，栄養，しつけ等に関する継続的，集中的，包括的な子どもの発達と家庭支援サービスを提供するものである。

　従来，アメリカの就学前教育研究では，就学するための身体的，認知，社会，情緒的な発達がなされているかどうかという school readiness が，長年にわたって論議されてきた。reading readiness も含まれている。就学後の読み書きは就学前にあるという視点に立っており，科学的リテラシー，数学的リテラシー，技術的リテラシー等，様々なリテラシーの中で，読み書きリテラシーの習得は，そのすべての習得に共通して不可欠とみなされている。「萌芽的リテラシー」（emergent literacy）と

いう用語が登場して久しいが，豊かな言葉・読み書きスキル（emergent literacy skills）は，単純なスキル習得ではなくて，就学後の読み書きへの発展を意図した準備段階的内容を意味している。すなわち，単独の話す・読み書きの特別強化教育ではなく，あらゆる他のスキル習得と関連してとらえ，遊びの中で仲間と共に習得していくことである。音，音声，リズム等に対する気付き（phonological awareness），言葉の意味や理解（comprehension），読み書きへの発展となる印刷文字への興味（print awareness），システム化された音と文字の関連（alphabet knowledge）等が考慮されている。

適切な子どもの発達 Developmentally Appropriate Practice（DAP）を重視する，0歳から8歳の子どもを対象に子どもの福利改善に貢献する組織全米乳幼児教育協会 National Association for the Education of Young Children（NAEYC）は，新刊『志向的教師』において，就学前の子どもの「言語とリテラシー」教育について記している [10]。前述したように語学特訓を意図するのではなく，保育活動や遊びの中で，また，保育者が整えた保育環境や方法を通して発達を促す。バイリンガルという家庭環境，異文化理解教育をも考慮されている。広い語彙を理解，使う，会話する能力を子どもが発達するように援助する。読んだり書いたりすることを楽しみ，読み書きが役立つことが分かる，物語や文章を理解する，活字化される文字概念を発達させ，文字と音との関連性を理解すること等が焦点となる。多くの経験や活動を促す保育を立案することが，保育者の重要な役割となる。

言葉の学習には，異文化理解の要素も伴う。日本において，海外で制作された教材を使用する場合には留意すべき点がある。1969年にアメリカで制作されたテレビ教育番組『セサミストリート』（SESAME STREET）を例に挙げることができる。テレビの教育的機能を初めて高めた試みであったが，40年以上にわたり，世界の多くの地域や国々において愛されている長寿番組となっている。アメリカで制作された背景には，当時抱えていた社会的，経済的教育問題の改善があり，心理学等の専門家の意見が反映され，広く教育研究の対象とされ，視聴に関しても調査研究がなされた。貧困家庭の子どもたちの学習効果を上げ，教育界の改革に貢献した教育番組，幼い子どもを対象とした教育番組として制作された。1971年 NHK が放送を開始した日本への導入は，そのようなアメリカの背景は抜きにして，中学生や高校生等が視聴する英語教育

番組として受容されていった。バイリンガル教育，早期英語教育に関して，諸外国で考案され研究された内容や方法を導入する際には，背景要素までとらえてみる必要もあるだろう。

第2節 情報化と多様な絵本

1 保育者養成とコンピュータ

　コンピュータは生活に不可欠な道具となっている。保育界においても専門的見解を示す必要がある。そのためには，保育者自身の姿勢が問われる。筆者は，1994年以降，コンピュータを個性ある思考を促す創造の道具ととらえ，保育者としての専門性を高める授業研究に取り組んできた。その結果，1980年代のアメリカにおける研究結果と同様に，学習や創作意欲，友達や教師との一体感，協力，自主的参加が生じた。コンピュータは孤独な作業ではないことが分かった。さらに，受け身的な立場ではなく，自ら体験することによって，スキル向上，創造的作品，ソフト分析と考察，情報操作や選択，さらに，自らの思考を生かす創造的プレゼンテーションにおいてよい成果を生じた。保育者自身がコンピュータやソフト，さらにアプリや電子絵本等を実際に体験することによって，保育に適しているかどうか選択する能力や判断を培うことが最も重要だと考える。

　感覚教育や実体験・実物による体験を重視するモンテッソーリ教育界においても，コンピュータを無視することはできず，コンピュータ関連の最初の論文が1981年に発表されている。コンピュータ・リテラシー（コンピュータ利活用能力）を理解し，文化社会での子どもの機能を重視し，将来に向けて準備するためには，子どもの諸経験をいかに教育において体系化するかが求められたためである。5歳児や4歳児には使用可能な発達段階にある子どもたちの存在を認めつつも，ピアジェによる前操作段階にある7歳以下の子どもには，五感を通しての具体的な実物による体験が重要であり，抽象的なソフト練習には置き換えることはできないという見解，ソフトの種類と内容に関する教師自身の判断が重要だと指摘された。

　保育者自身の判断能力や評価能力を含めた専門性を深める必要性は，アメリカの0歳から8歳までの就学前教育に関わる組織 National

Association for the Education of Young Children（NAEYC）も，1982年には教師のガイドラインにコンピュータを付加し，子どもの教育に携わったことのないコンピュータ専門家に依託するのではなく，保育者養成においてコンピュータ・リテラシーの柔軟で総合的なアプローチが必要としている。さらに，NAEYC が主旨とする子どもの適切な発達に応じた保育 Developmentally Appropriate Practice（DAP）において，子どもの学習や発達に適したコンピュータやソフトに関して保育者に具体的示唆を提供している。また，2012 年の学会誌では教育と学習の道具としてのテクノロジー使用に関する特集号を組んでいる[11]。

我が国では，文部科学省は1985 年以降，教育界におけるコンピュータはじめ情報メディアに関する見解を示してきた。2002 年，幼稚園教員の資質向上に関する調査報告では，専門性向上としてコンピュータや情報通信技術を活用できる環境の整備のみが記載されているが，実際の保育で活用する事柄には触れていない[12]。初等中等教育では普通教科「情報」を開設した。多様な情報から必要な情報を取捨選択し，知識として活用する能力を培うことを目指して，2008 年，メディア・リテラシー教材を国語教育で培う改善と充実を提案した[13]。

2 デジタル絵本・アプリケーションソフトウェア

従来の紙媒体の絵本をアナログ絵本とすれば，IT 技術利用，教育とテクノロジー時代に対応した絵本はデジタル絵本といえる。現在，情報機器・ソフト・アプリの開発と普及，さらに，人間が話す声をコンピュータでつくり出す「音声合成」が開発される等，この種の絵本は予測不可能なほどに進化している。東京大学大学院情報学環ベネッセ先端教育技術学講座では，『子どもとデジタル絵本』も開講されている。デジタル絵本の特徴は，物語を楽しむだけでなく，クリックやタッチによって，場面の切り替え，画面のズームイン・アウトが可能であり，リズミカルな音声による読み聞かせ，キャラクターやアイテムをクリックして多様な内容を通して遊ぶという仕掛けになっている。

コンピュータの機能をあわせもった多機能携帯電話スマートフォンの普及に伴い，多種多様なアプリが登場してきた（アプリはアプリケーションソフトウェ

デジタル絵本

アの略称）。アプリはコンピュータソフトと比べ，ユーザー主体で自由に取り込み，使用する特徴をもっている。アップル社はアプリ数に関して2014年以降調査をしており，2017年は210万個となっている。Kids App Store を導入し，児童オンライン保護法（COPPA）に基づき，体験型プログラミング，物語，イラスト，ムービー，音楽等のアプリを提案している。また，2017年5月より子ども向けの動画視聴アプリである You Tube Kids が日本でも利用開始された。「アニメ・ドラマ」「おんがく」「まなぶ」「はっけん」の4つのカテゴリーを無料で利用できる。2015年にアメリカで開始以来，世界28か国，7言語で展開され，視聴回数はこれまでに300億回，アクティブユーザーは週に800万，コンテンツは1日あたり5億回視聴されている。

『鬼から電話』

　『鬼から電話』等，赤ちゃんを泣きやます・あやすアプリ，お絵かきアプリをはじめ，音楽，ゲーム，絵本，教育等，多様なジャンルのアプリがある。親のスマートフォン利用に伴い子どもたちにも身近なものとなり，多数の子ども向けアプリが出ているが，外出先で手軽に利用可能で育児に役立つ点が増加した要因と考える。タッチすると爆竹音と共に花火があがる『私の赤ちゃん花火遊び』，歌に合わせて50種類以上の楽器が親子で楽しめる『おやこでリズムえほん』等がある。70万ダウンロードとなった絵本アプリ『こえほん』は，イソップ童話やグリム童話，日本の昔話を楽しむことができる電子絵本アプリで，250冊以上が販売されている。子どもや親の声を録音して紙芝居風のオリジナル絵本もつくれるという特徴もある。

　過去，テレビの子どもに与える影響について論議されたように，アプリの使用においても，好影響・悪影響の両方が指摘されている。iPad 活用が幼児期の読み書き能力に効果を生じる，アプリは気軽に楽しく学ぶことができる，学力向上の効果が期待される，親子のコミュニケーションの一環にもなるとよい指摘もあれば，ブルーライトによる視力の低下，超高精細ディスプレイが睡眠覚醒リズムや質に影響しやすいとの報告もある。米国小児学会（AAP）等も子どもの健康について注意を促している。子どもの成長や健康面での問題として，幼児の依存や注意欠陥を引き起こす可能性

『こえほん』

も指摘されている。また，画面上のアイコンやボタンに指で直接触れるタッチインタフェースは，乳幼児にとって便利かもしれないが，本来の心身発達を促すことになるのか疑問が生じる。画面上でしか遊べない「映像を介した擬似的物体」であるため，お絵かきや砂遊び等のアプリは，実際に物に触れる遊び体験とは異なるものである。アプリの適切な選択や利用，子どもの健全な発達を考慮した使用等，大人の姿勢が求められている。

3 点字つき絵本・布の絵本・バリアフリー絵本

　ここでは，布の絵本・点字絵本についてとりあげてみたい。

　1970年，札幌の公益財団法人「ふきのとう文庫」が，創設者小林静江氏の自宅で障害のある子どもたちのため活動を開始，1975年頃より障害のある子どもたちのための布絵本作りをボランティアで始めた。1981年，東京の「すずらん文庫」では，全盲のお子さんが来られたことをきっかけとして，触る絵本として制作に着手，その後第二文庫を開設し，すべての障害児から大人に至るまでを視野に入れた活動を展開している。現在では，「東京布の絵本連絡会の活動」のサイトも開設している。1984年，大阪の岩田美津子氏自宅で「点訳絵本の会岩田文庫」を開設し，1991年に社会福祉法人視覚障害社文化振興協会の事業として「てんやく絵本ふれあい文庫」と改称，2012年にNPO法人となり，手作り絵本約8000タイトルを備え，全国の視覚障害者に貸し出すサービスを行っている。さらに，多数の出版社に働きかけて「点字つき絵本の出版と普及を考える会」を結成する等の活動を展開し，2002年に東京都所轄のNPO法人「ユニバーサルデザイン絵本センター」の開設に至っている。徳島県北島町立図書館では，公立図書館初の点字絵本の郵

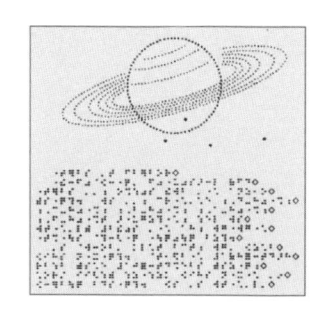

『はらぺこあおむし』　　　『さわってごらん　ピーターラビット』　　　『宇宙の一部』

送貸し出しを全国の盲学校向けに行った。挿絵付きの点字絵本制作に着手した寒川孝久氏の意向を受け，盲学校教師の藤野稔寛氏によってパソコンソフト開発と改良を重ね，「えほん点訳会」の協力によって作られた童話，児童文学，コミック，動物図鑑，英文点字等の絵本である。寒川氏は，「徳島発，世界に広がる点字絵本」の功績が認められ，1997（平成9）年度ふるさとづくり大賞内閣総理大臣賞を受賞している。

　前述の東京布の絵本連絡会は，「非障害児で愛情不足，本に親しみのない子，交通事故・スポーツによる怪我・脳梗塞等によって言語を喪失した人，手指の機能回復等大人のリハビリ活用」も視野に入れた活動を展開している。また，布の絵本制作ボランティアを通して社会参加を実現し，古着やボタン等をリサイクルの心で絵本としてよみがえらせる今日的意義を説いている。全国的なサークル活動を通して，地域コミュニケーションの回復，性別・年齢・障害の有無にかかわらず「心のバリアフリー」の実現にも役立つとしている。また，布絵本の効用としては，絵本と遊具及び教具の利点を兼ねていることで，衣服の着脱の練習となるボタンをかけたり，吸着テープをつけたり取ったり，ひもを結んだりという手指の作動を伴いながら，言葉の獲得も学習できる。また，言葉を聞く・コミュニケーションを交わす，色・形・数・物に対する認識をもつことができる教材で，子どもの発達や興味に応じた反復学習も可能である。障害児向けに誕生した布の絵本だが，現在では，障害の有無にかかわらず，口に入れても安心，持ち運びに便利で，破れない，洗濯可能で実用性に優れている等，赤ちゃんにやさしい絵本としてウェブサイトでも販売されている。ボタン，スナップ，鍵ホック，吸着テープ使用によって，子どもの発達を促すという点も強調されている。布絵本ロンパースが制作した『はじめてのほん Baby's Book おひさま』（5年連続採用），『はじめてのほん Baby's Book あひるさん』（2013年初採用），『パズル布絵本　形（かたち）』（2013年初採用）の3種類の布の絵本は，学校教育法の規定による一般図書として，文部科学省より2013（平成25）年度用教科書に採用され，特別支援学校（小・中学部）及び小・中学校の特別支援学級に給与されている。

　点字つき絵本の出版と普及を考える会は，「目の見えない人と見える人が一緒に絵本を楽しめるようになること」を目指して，2002年から年2回のペースで自主的に会を開き，2018年に現存する（した）点字つき絵本，さわる絵本をリスト化して「点字つき絵本・さわる絵本リスト」（第6版 2018年1月現在）を作成し，インターネットで販売している。こ

の会は偕成社，福音館書店，小学館，講談社，岩崎書店等の出版社，印刷会社，点訳ボランティア，作家，画家，研究者等によって構成されている。新刊として，『さわるめいろ』（村山純子＝作　小学館），『ぐりとぐら』（中川李枝子＝作　大村百合子＝絵　福音館書店），『あらしのよるに』（きむらゆういち＝作　あべ弘士＝絵　講談社）等がリストに掲載されている。初版が1979年と最も古い画期的なデンマークの絵本『これ，なあに？』（ドーカス・W・ハラー，バージニア・A・イエンセン＝作　きくしまいくえ＝訳　偕成社）（ザラザラ，ポツポツ，隆起印刷）をはじめとして，『ドラえもん　あそびがいっぱい！』（藤子プロ＝監修　小学館）等，点字つき絵本22冊が紹介されている。絵の部分は隆起印刷と説明文，文章は点字となっている。『はらぺこあおむし』（エリック・カール＝作　もりひさし＝訳　偕成社）は一般に流通している絵本と比較すると，サイズも重量も異なる。また，異なる素材の布の貼り絵と点字で構成され，インドで企画，手作りされるため高額となっている。また，子どもから大人まで，障害の種類や有無にかかわらず楽しめるように企画され，手話落語の林家とんでん平が企画監修した，点字シートつき手話落語絵本2冊も掲載されている。見開き右ページに絵，左に著者が手話で落語を演じる写真と点字を打った透明プラスチックシートが重ねられている。

　前述したユニバーサルデザイン絵本センター出版の絵本16冊も掲載されている。幼児から小学校低学年を対象としており，2002年初版『てんてん』（なかつかゆみこ＝作・絵）などの絵は輪郭線がすべて隆起印刷，隆起ではないが点字一覧表付きで，つるつる・ざらざら・ふわふわの布が貼ってある。そのほか，絵の輪郭が隆起印刷，型抜き，布を貼りつけ，様々な素材を使用，細かい繊維をふきつけフロッキング加工を施す等，異なる感触を楽しむ，さわる絵本33冊がある。

はじめてのほん Baby's Book
『おひさま』

はじめてのほん Baby's Book
『あひるさん』

パズル布絵本
『形（かたち）』

4 教材研究— 絵本・DVD・CD-ROM 比較 —

　読者が各自で取り組む課題としての絵本研究を提示しておきたい。以下の課題は，20 年以上にわたり，養成校の学生たちに出してきた内容である。どのような保育内容で，方法としてどのように扱うかは，読者各自にあることを念頭において取り組んでほしい。また，子どもの「言葉」を豊かにする教材としても視野に入れてほしい。

研究課題1　絵本と DVD 比較研究

『いない　いない　ばあ』
『いい　おかお』
絵本：松谷みよ子＝文　瀬川康男＝絵　童心社
DVD：ビクターエンターテイメント

　2冊の絵本は，保護者や保育者が子どもを膝に乗せて読み聞かせを楽しむ絵本として馴染みのある絵本である。しかし，DVD，CD になった場合は，どのような変化が見られるのであろうか。たとえば，DVD の場合には，画面上で音楽や音声，動きが現れる。保育教材としてどのように取り扱ったらよいのだろうか。保育者として比較研究を試みてほしい。

研究課題2　絵本・DVD・CD-ROM 比較研究

『プーさんとはちみつ』
絵本：講談社
DVD：インターチャンネル・ホロン

　1926 年の児童文学『くまのプーさん』は世界的にも愛されており，ディズニーが 1961 年商品化の使用許可契約を結び，2002 年にアニメーション化された。絵本によっては修正されてしまう傾向にあるが，ストーリーはアラン・アレクサンダー・ミルン，挿絵はアーネスト・ハワード・シェパードで，ストーリーと挿絵が絵本・DVD・CD-ROM に共通している数少ない絵本である。絵本と CD-ROM との比較研究は，筆者の研究では興味深い点を見いだすこ

とができた。読者も実際に自分自身で使用し体験し，保育教材としての考察を試みて欲しい。

研究課題3　絵本・CD-ROM・DVD 比較研究

『急行「北極号」』
絵本：クリスバン・オールズバーグ＝文・絵　村上春樹＝訳　あすなろ書房
『ポーラー・エクスプレス』
DVD：ワーナーホームビデオ

　アメリカで出版された子ども向け絵本に授与される，コールデコット賞を1986 年に受賞した作品である。クリスマスイブに，サンタクロースを信じられなくなった少年のもとに，サンタクロースの拠点北極へと向かう蒸気機関車が現れ，様々な出来事の体験を通して大切なことに気づいていくという作品である。CD-ROM はシンプルな動き・音響効果・音声が含まれているが，絵本のイメージを壊さないように作成されている。2004 年には CG アニメーション映画化され，著名な男優が声優を務めたことでも注目された。

研究課題4　字のない絵本研究

(1) 『アンジュール　ある犬の物語』
　　ガブリエル・バンサン＝作　ＢＬ出版
(2) 『あかい　ふうせん』
　　イエラ・マリ＝作・絵　ほるぷ出版
(3) 『どっとこ　どうぶつえん』
　　中村至男＝作　福音館書店

　字のない絵本は，言葉の保育教材としてどのように扱ったらよいのだろうか。文字は記載されていないが，言葉やイメージは生じるはずである。子どもにとって適切となり得るか否かは個々の読者の判断に委ねたい。
　ガブリエル・バンサンの名作絵本『アンジュール　ある犬の物語』は，大人にも人気のある絵本である。突然車から投げ捨てられた犬が，放浪

した末に一人の少年と出会うというストーリーで，鉛筆デッサンによって描かれている。グレン・グレード，宮本笑里，坂本龍一によってショートムービーアニメーション化され，ポニーキャニオンより DVD が 2012 年に発売された。

『あかい　ふうせん』は，赤いふうせんが飛んで，空をただよって，赤いりんごになって，りんごが蝶になって，蝶が花になり，最後は赤い傘へと変化する様子が，イラストのみで語られている。赤と黒の２色使いでシンプルな絵柄である。

『どっとこ　どうぶつえん』は，2012 年度売り上げランキングで２週連続一位となったグラフィックデザイナーによる絵本である。「写真はいまや 1,000,000 画素（ドット）の写真が当たり前？　なんたること，70 画素のライオンは，より活き活きと頭の中で像を結ぶではありませんか」とサイトでは解説されている。子どもの目線で見えるパターン，動物が四角のドットでできており，デフォルメされた絵に子どもが楽しんで動物を見いだす，新しいスタイルの絵本である。

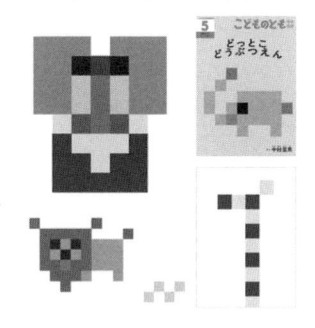

第3節　多文化社会と言葉

1 アメリカ NAEYC のアンティバイアス教育

National Association for the Education of Young Children（NAEYC）は，偏見や固定観念が形成される前段階となる乳幼児期に，アンティバイアス教育の実践の意義があるとしている。子どもは人を観察することによって色・言語・性・身体的能力の類似点や相違点に気付き，言語的・非言語的に相違点を認識していく。相違点が差別や偏見へと変わっていくのは，大人のもつ社会的な固定観念や価値観による。人間はみんな同じだが一人ひとりは違うことを理解し，人間への尊厳を説き，平等な社会，共生できる社会を目指すために，就学前教育における具体的な展開が重要である。

アンティバイアス教育では，子どものみならず，保育者自身の振り返

りと成長をも意図している。ジェンダー，人種，民族，経済階層，家族形態，性，障害等に関して，保育者自らが自己のアイデンティティーを築いてしまっている場合が考えられる。多様な側面をもつ社会の中で，保育者自身の子ども時代から現在に至るまでの自分を振り返り，自己の社会的アイデンティティーに対して自ら気付き，現在の多様性に対して理解を進めることが大切である。自ら抱く差別や偏見に気付き，アンティバイアス教育を推進できる保育者に成長することが重要となる。様々な文化に対する感性と専門性を有し，社会経済階層・性等に対して固定観念をもつことなく，多様性に理解を示す多文化的感知性（multicultural awareness）と深い思考（critical thinking）が必要となる。

　NAEYC は独自の倫理基準誓約のみならず，国連総会で採択され1990 年に発効となった国際条約「児童の権利に関する条約（子どもの権利条約）」も加味し，アンティバイアス教育の指針を示している。1989年版及び 2010 年改訂版の構成・執筆には，乳幼児から大学に至る現行の多様な教育プログラムや教育・保育関係者のみならず，ゲイやレズビアン等の保護者たち，受刑者の母親と子どもの会・乳幼児及び小学校の教師，人種・民族的な視点をもつ人たちが携わっている。教材の選択や質においても，性，人種，民族，社会経済状況，個々の特質，心身障害，言語等の広範囲で多様な人間社会や文化的要素が重視されている。コンピュータソフトやビデオ等の選択においても，複数の言語・多様な文化・異なる人種や性・経済社会階層が考慮されている。アジア太平洋系・ラテンアメリカ系住民・アメリカ先住民等の家族や子どもたち，同性愛者の家庭，異人種間・異民族間結婚や養子，継親や血縁以外の人で構成される混合家族等，実際の子どもたちの生活や社会背景に対応する教材の必要性が説かれている。

　具体的な物理的保育環境（教材）には，異なる肌の色等が一目で分かる子どもたちを写したポスターや絵本のほか，人形（異なる身体的能力の人形，車椅子，歩行装具をつけた人形，補聴器，補助犬），車椅子，歩行器，補聴器，めがね，杖，人工器官，点字，歩行装置等も含まれている。髪や肌や目の色が異なる子どもたちが共に笑顔で集っているポスター「Yes we will all get along!」や「ALIKE AND DIFFERENT」，車椅子に乗った障害をもつ子どものポスター「Expanding opportunities」，肌の色が異なる保育者が子どもに絵本を読み聞かせているポスター「LAPREADING-A BASIC!」等がある。また，子どもの気付きや理解を促すために，それらの教材に関する情報と経験を保育者が提供するこ

とが重要となる。子どもは多様な具体的経験を通して，人間の類似点や相違点に関して，自らの思考を深めていく。有効な体験は，実際に人と接するだけではなく，本やその他のメディアを通しても可能となる。教材の選択や質に関して，性・人種・民族・経済状況・個々の特質・心身の障害・言語等広範囲に及ぶ多様な要素を重視し，コンピュータソフトやビデオ等の選択においても，複数の言語・多様な文化・異なる人種や性・社会経済階層を考慮している。アンティバイアス教育改訂版においては，離婚や再婚による複合家庭のみならず，一層多様化した家族形態をとらえ，様々な人種の家庭や子どもたち，同性愛者の家庭や子ども，異人種間・異民族間の結婚や養子，継親や血縁以外の人たちで構成される混合家族等，実際の子どもたちの生活や社会背景に対応する教材の必要性が説かれている。保育者・保護者という大人向け必読書のほかに，1989年の初版においても156冊の絵本について，家庭・性別役割分担・人種や民族意識，障害，偏見等の項目別に紹介している。

▶異文化・多文化理解教育に関わる絵本

　　NAEYC の示唆する保育教材内容にも見られるような，現代社会に育つ子ども向け絵本が制作されている。多種な人種によって構成された社会，多文化で構成された歴史や社会背景は，我が国とはひじょうに異なるものであるが，紹介しておきたい。

　　前述したような家族形態が変化している現状をとらえた絵本も登場している。ニューヨークにあるセントラルパーク動物園での実話を描いた同性婚家族の絵本で，数々の賞を受賞し，アメリカ図書館協会の選定図書であるにもかかわらず論議を呼んだ『タンタンタンゴはパパふたり』（ジャスティン・リチャードソン，ピーター・パーネル＝文　ヘンリー・コール＝絵　尾辻かな子，前田和男＝訳　ポット出版），両親の離婚で2つの家を行き来する幼い男の子の新しい生活を描く『おうちがふたつ』（クレール・マジュレル＝文　カディ・マクドナルド・デントン＝絵　日野智恵，日野健＝訳　明石書店）等は日本語版も入手可能となっている。

　　「同じだけど違う」というテーマでの絵本は，子どもが育つ実際の生活環境を基盤としている。『SHADES OF PEOPLE』は，異なる肌の色・目の色等を扱った写真絵本で，視覚的に自然と内容を理解できる。『Did My First Mother Love Me?』は，養子になった子どもの物語で，子どもの心境や背景が理解できる。『WE ARE ALL ALIKE... WE ARE ALL DIFFERENT』は，実際に幼稚園に在園している子ど

もたちによって制作された写真と解説による絵本である。みんな同じ仲間だけれど，肌の色が違ったり，好きな遊びがそれぞれ違っていたり，住んでいる場所もアパートだったりトレーラーだったり，家族構成もそれぞれ異なる絵本で，身近な友達について自然に学び理解することができる。『Mom and Me』は，様々な国の母と子どもの様子を写真で紹介した絵本で，社会文化は異なっていても，日常に見いだせる自然な母と子どもの深い愛情ときずなは変わらないことを視覚的に理解できる。

　『MEET ADDY』は，現在，子どもたちの高い人気を得ているアメリカン・ガールズシリーズの1冊である。筆者が入手した発売当初は西洋系・ラテン系・東洋系等，アメリカをつくってきた移民の女の子を主人公とした，歴史教育的意図を含んだ物語であった。その後，異なる肌や髪の人形も販売され，バービー人形を上回る人気を得て，教育的意義をもった陳列や内容で迎える特定の店舗も開店している。アメリカン・ガールズの人形は，それぞれの歴史に応じた服や生活用品等と共に，人形用の松葉杖，聴診器や体温計，精巧な車椅子も販売されているのが，我が国では見いだせない特色であろう。

『タンタンタンゴはパパふたり』

『おうちがふたつ』

『SHADES OF PEOPLE』

『Did My First Mother Love Me?』

『WE ARE ALL ALIKE …
WE ARE ALL DIFFERENT』

『Mom and Me』

『MEET ADDY』

2 国際理解教育と保育界

「国際理解教育」という用語は，文部科学省が公的に用いる表記である。しかし，我が国においては，「国際理解教育」「グローバル教育」さらに「多文化教育」等が使われ，用語の定義が明確になされていないのが現状である。筆者は，多文化（multicultural）は「多様な文化の存在」を意味する一方，異文化（cross-cultural）は他を受け入れ理解することを学ぶ，有益な活動を生じるというケプラー等（Phyllis Royce Kepler, et al.）の見解に示唆を得て，異質なものとの積極的な交わりによって自己の思考に生じる障壁を乗り越え，異質なものを理解し，新たに自己を構築するという教育的意図を含め「異文化理解教育」としている。

我が国の外国人関連情報は，法務省や文部科学省，厚生労働省によっても提供されており，義務教育の児童在籍数は開示されている。ただし，保育所や幼稚園に在園する就学前児童に関しては，明確な統計を見いだすことは困難である。このような現状において，保育所や幼稚園を対象とした多文化子育てネットワークの調査報告は注目に値する。同ネットワークは，2001 年に続き，2012 年に調査報告書を作成した[14]。報告書によると，2008 年の外国人登録者総数は 221.7 万人，総人口に占める割合は 1.74%，2006 年の婚姻総数に占める国際結婚の割合は 6.1%（およそ16 組に 1 組），両親あるいはどちらかの親が外国人の出生数は 3 万5651 人で，日本の総出生数のおよそ 3.2%（31 人に 1 人）である。出生数の割合は都市部に多く，東京都では 5.7%（18 人に 1 人）となっている。外国籍の保護者・日本国籍で日本語を母語としない保護者の子どもたちが，保育所・幼稚園に入園する数は増加している。多文化子育てネットワークの調査報告書は，日本という異なる文化社会で抱える育児問題，保護者・子どもたちの現実問題や実態を具体的にとらえている。同時に，外国籍の保護者や子どもたちの保育者に対する信頼が高く，保育者の働きが有効であり，園や保育者の果たす役割が重要となっている事実も知ることができる。

外国籍労働者数の増加等に伴って生じる，教育現場での多文化教育の必要性も説かれるようになった。しかし，我が国の文部科学省が推奨してきた国際理解教育は，初等中等教育段階を対象としており，就学前においては明確に示されてこなかった。このような状況において，私立保育園連盟は，1963 年 8 月に「児童の権利宣言」を基本綱領に明記し，1966 年にパリで開催された OMEP 世界大会へ参加，1990 年には保育国

際交流センター企画運営委員会を発足させ，広く国外へ目を向けた。さらに，国内においては外国籍児童の受け入れによって生じる問題に戸惑う保育現場や保育者に対し，1990年以降，多文化理解と保育に関するフォーラムや異文化体験のワークショップを開催している。

　2017年3月に告示された3法令「幼稚園教育要領」「保育所保育指針」「幼保連携型認定こども園教育・保育要領」に関連事項を見出すことができる。「幼稚園教育要領」では，教育基本法第2条に掲げる目標の一つとして，「男女の平等，自他の敬愛と協力」「一人一人の幼児が，将来，自分のよさや可能性を認識するとともに，あらゆる他者を価値のある存在として尊重し，多様な人々と協働しながらさまざまな社会的変化を乗り越え，豊かな人生を切り拓き，持続可能な社会の創り手となることができるようにするための基礎を培うことが求められる。このために必要な教育のあり方を具体化するのが，各幼稚園において教育の内容等を組織的かつ計画的に組み立てた教育課程である」と記されている。また，「保育所保育指針」においては，「入所する子どもの最善の利益を考慮」「保育士は，倫理観に裏付けられた専門的知識，技術及び判断を持って，子どもを保育するとともに，子どもの保護者に対する保育に関する指導を行うものであり，その職責を遂行するための専門性の向上に耐えず努めなければならない」とし，「保育の実施に関して留意すべき事項」のオとカの事項で「こどもの国籍や文化の違いを認め，互いに尊重する心を育てるようにすること」「子どもの性差や個人差にも留意しつつ，性別などによる固定的な意識を植え付けることがないようにすること」などが記されている。今後，多文化・異文化・国際理解教育に関して，保育界の明確な方針も示され，さらに，具体的な保育内容や指導の考案・保護者や地域社会への対応も求められていくだろう。

3 多様な視点でとらえる絵本研究

　異文化理解を促すには，実際の体験学習や生活体験が有効ではあるだろう。しかし，身近な生活環境や社会に目を向けると，日常的に異文化体験ができるとはいえない状況である。外国籍労働者人口数や国際結婚数が増加傾向にあるとしても，必ずしも全国一律に見られる現象ではない。また，異文化を狭義にとらえると国内での地域性（食材・慣習・方言・伝承遊びや童歌等）をも含めてとらえることも必要となる。『どこいったん』（ジョン・クラッセン＝作　長谷川義史＝訳　クレヨンハウス）は大阪弁で翻訳

された絵本，さらに，『フランダースの犬』を東北弁・九州弁・大阪弁等の複数の方言で読み替えした学生たちの研究発表は印象深いものであった。

『どこいったん』

　筆者が長年試み，成果を収めている絵本を通して多様な視点をもつ取り組みを一部紹介したい。読者も試みることによって，自らの視点を変え，思考を深めることができれば幸いである。前述したアメリカの絵本を紹介した場合，学生たちは絵本を通して社会背景文化の相違に気付くとともに，保育にとって必要な理由を各自見いだし，実際の保育で提供する場面を想定できるようになっていった。また，前述したアメリカン・ガールズを紹介すると，幼い頃読んだ絵本に登場するお姫様は金髪の白人で，遊んだ人形も白人だったと自らの体験と比較を始め，さらに保育者として多様な絵本に目を通すべきだという意識を抱くようになった。異なるイラストレーターによって描かれ，ストーリーも異なる『白雪姫』や『美女と野獣』を紹介すると，学生は自らの抱いていた登場人物のイメージやストーリーとは異なることに驚きを表し，それらが固定化されていたことに気付いた。「子ども時代に親しんだ絵本によってイメージが形成され固定化されたのではないか」という振り返りの発言もあった。子どもに多様な視点から絵本を紹介するためにも，「絵本に対する専門的知識や選択基準等を身に付けたい」という意欲を示す学生もいた。「このような授業を受けなかったら，おそらく疑問を抱くことなく子どもたちに自分のイメージしたとおりに描画や身体表現をしただろうし，一方的な見方で指導していたかもしれない」という感想も寄せられた。絵本を多様な視点でとらえることで，言葉を含めた，子どもの成長と発達に有意義な保育を展開できるだろう。

　グローバル・リテラシー（国際的対話力）を培う場合，単なる語学力・英語習得を意図するのではなく，多様性や異質なものに対する理解をもつという柔軟な思考が必要となってくる。単なる文化や言語の相違ではなく，性差・年齢・障害の有無・家族形態や経済を含む育ちの背景等，多様な視点と理解が必要である。このようなことを考えれば，乳幼児期にはぐくむ「言葉」がいかに多様で重要な要素をもっているか改めて考えることができるだろう。

① 実際に保育で使用してみたい絵本を制作しよう（触る絵本，布の絵本，コンピュータやアプリ機能を使った絵本等）。子どもたちや保護者と共に制作してもよいだろう。制作した絵本を保育で用いて，子どもの反応を考察しよう。

② 第2節で紹介した絵本，絵本・DVD比較等から興味ある課題を選び，分析と考察を試みよう。自らの考察結果に基づき，子どもに適切な教材の選択・提供等について考えよう。

③ 筆者がアメリカで受講した子どもの言葉に関する講義では，言語の基本的構造や要素に関する知識として，狭義の言語学（linguistics）を学ぶことを求められた。すなわち，音声学・音韻論（phonetics, phonology），形態論（morphology），統語論（syntax），意味論（semantics），抽象的な文脈（context）等である。英語の絵本や歌等を使用する前に，このような言語構造について自ら学んでおこう。

引用文献

1　文部科学省「脳科学研究戦略推進プログラム（脳プロ）」https://research-er.jp/categories/2638　2018年11月30日閲覧

2　中島和子『増補改訂版　バイリンガル教育の方法——12歳までに親と教師ができること』アルク　2001年

3　西川勝行　西大和学園カリフォルニア校「校長挨拶」http://www.nacus.org/heizitu.html　2014年2月16日閲覧

4　小野博『バイリンガルの科学』講談社, 1994年

5　日向清人　ビジネス英語雑記帳【別宅】帰国子女は英語ができるのか http://tottocobkhinata.cocolog-nifty.com/bizieizakkicho/2005/07/post_a8b1.html　2014年2月閲覧

6　フレンズ帰国生　母の会 http://www.ne.jp/asahi/friends/kikoku/index.html　2014年2月16日閲覧

7　白井恭弘『外国語学習の科学——第二言語習得論とは何か』岩波書店　2008年

8　友好学園「深草こどもの家」後援会編『自分で考え，自分を育てるモンテッソーリ教育』北斗書房, 2012年

9　湯川笑子『バイリンガルを育てる——0歳からの英語教育』くろしお出版, 2000年

10　Epstein, A. S. (2014). Language and literacy, *In The intentional teacher*（pp.99-126），Washington, D.C., NAEYC.

11　NAEYC (2012). Technology and Young Children, *Young Children*, 67(3).

12　文部科学省「幼稚園教員の資質向上について―自ら学ぶ幼稚園教員のために」（報告）平成14年6月24日 http://www.mext.go.jp/b_menu/shingi/chousa/shotou/019/toushin/020602.htm　2018年11月30日閲覧

13 文部科学省「資料7　情報化教育の現状について」「普通教科『情報』創設の経緯」http://www.mext.go.jp/b_menu/shingi/chukyo/chukyo3/024/siryo/attach/1402273.htm　2018年11月30日閲覧

14 多文化子育てネットワーク「第2回多文化子育て調査報告書」2012年11月3日 http://www.tabunkakosodate.net/japanese/report/pdf/report_201211s.pdf

📖 参考図書

◎ Early Reading First 米国教育省のホームページ　http://www2.ed.gov/programs/earlyreading/index.html　2014年2月16日閲覧

◎ Ingulsrud J. E., Kai K., Kadowaki, K., Kurobane, K., & Shiobara, M. (2002). The assessment of cross-cultural experience: Measuring awareness through critical text analysis, *International Journal of Intercultural Relations*, 26(5), pp.473-491.

◎ ITmedia NEWS「子ども向け視聴アプリ『YouTube Kids』きょうから提供」2017年5月31日 http://www.itmedia.co.jp/news/articles/1705/31/news104.html　2018年11月30日閲覧

◎ OECD 教育研究革新センター『脳からみた学習——新しい学習科学の誕生』明石書店，2010年

◎ NAEYC Position Statement: Technology and Young Children-ages three through eight, *Young Children*, 51(6), pp.11-16, 1996.

＊ NAEYC は Patty Smith Hill（1868-1946）によって 1926 年に設立された National Association for Nursery Education（NANE）を基盤として 1964 年に設立され，現在会員数 10 万を超える組織，認可プログラム 9000 を超え，州での連携組織を 300 を超えている。広範囲に及ぶ乳幼児教育，家庭強化支援，連邦会議や州会議での見解表明，教育問題や課題に対する積極的見解表明，国家・州・地方レベルでの政策支援，海外組織活動を展開。教師資格等，教師の専門性向上に関する具体的策を実施している。NAEYC に関する主な拙論として以下のものがある。

◎ 甲斐仁子「アメリカにおける教師（保育者）養成に関する研究——NAEYC の認可システム考察」『藤女子大学紀要』第 45 号，2008 年，39-50 頁

◎ 甲斐仁子「異文化理解教育の研究——アンティバイアス教育と保育者養成」『藤女子大学紀要』第 47 号，2010 年，83-96 頁

◎ 甲斐仁子ほか「異文化理解教育の研究——アンティバイアス・カリキュラムと保育者養成」『カトリック教育研究』第 19 号，2002 年，47-62 頁

◎ 甲斐仁子・加茂純一「コンピュータ利用の大学教育」『九州女学院短大紀要』第 20 号，1995 年，53-63 頁 以下，コンピュータに関する授業研究は以下のものがある。「モンテッソリ教育とコンピュータ」『九州女学院短大紀要』第 21 号，1995 年，41-49 頁，「コンピュータ利用の大学教育（3）——新たな保育内容と方法を探る」『九州教育学会研究紀要』第 26 巻，1998 年，129-136 頁，「コンピュータ利用と保育者養成——保育専門科目での新たな試み」『保育士養成研究』第 21 号，2003 年 47-56 頁

◎ 甲斐仁子・斎藤めぐみ「保育内容『絵本』に関する一考察」『東洋英和女学院大学子ども研究所年報』2017 年，13-31 頁

◎ 甲斐仁子・斎藤めぐみ「ICT と保育者養成—『保育・教育方法論／教育方法』授業研究」『東洋英和女学院大学教職課程研究年報』第 10 号，2018 年，99-109 頁

◎ 甲斐仁子「アンティバイアス教育と保育者養成——LGBTQ 絵本を事例として」『東洋英和・保育こども研究 - 2017 年度 -』2018 年，46-55 頁

◎ Kids-App.com　キッズアプリコム http://www.kids-app.com/archives/category/study　2013年8月31日閲覧

◎ 京都モンテッソーリ教師養成コース企画／篠原眞作曲「あいうえおの歌」「月・日・曜日の歌」サウンドスタジオ OKA　2005 年

◎ Gail Perry and Mary S. Duru (ed.) (2000). *Resources for Developmentally Appropriate Practice: Recommendations from the Profession*, Washington, D.C., NAEYC, pp.138-148.

◎ Copple, C. & Bredekamp, S. (2009). *Developmentally Appropriate Practice* (Third Ed.). Washington, D.C., NAEYC.

◎ 総務省「多文化共生の推進に関する研究会報告書～地域における多文化共生の推進に向けて～（2006年3月）」http://www.soumu.go.jp/kokusai/pdf/sonota_b5.pdf

◎ 総務省「モバイル向けアプリ市場」http://www.soumu.go.jp/johotsusintokei/whitepaper/ja/h28/html/nc122230.html　2018年11月30日閲覧

◎ Derman-Sparks, L. & Edwards, J.O.(2010). *Anti-bias education for young children and ourselves.* Washington, D.C., NAEYC.

◎ Derman-Sparks, L. & the A.B.C. Task Force(1989). *Anti-bias curriculum tools for empowering young children.* Washington, D.C., NAEYC.

◎ 多文化子育てネットワーク公式サイト　http://www.tabunkakosodate.net/japanese/report.html#second　2018年11月30日閲覧

◎ 点字絵本の会「ようこそバリアフリー絵本の世界へ」https://www.bf-ehon.net/bfinc/tenjiehon　2018年11月30日閲覧

◎ 点字つき絵本の出版と普及を考える会　https://tenji.shogakukan.co.jp　「点字つき絵本・さわる絵本のリスト」https://tenji.shogakukan.co.jp/list.html　2018年11月30日閲覧

◎ てんやく絵本ふれあい文庫　http://tenyaku-ehon.la.coocan.jp　2018年11月30日閲覧

◎「東京布の絵本連絡会の活動」http://www.dinf.ne.jp/doc/japanese/access/book/0802_watanabe_cpb.html　2013年8月31日閲覧

◎ 日本版YouTube公式ブログ「YouTube Kidsの日本での提供を開始しました」2017年5月31日　https://youtube-jp.googleblog.com/2017/05/youtube-kids.html　2018年11月30日閲覧

◎「ふきのとう文庫」http://fukinotou.org　2018年11月30日閲覧

◎ FUJITSU「多彩な声やトーンで情報を伝える音声合成技術を開発」2014年3月富士通研究所　http://pr.fujitsu.com/jp/news/2014/03/31-1.html　2018年11月30日閲覧

◎ Benesse「電子図書館まなびライブラリー」https://www.benesse.co.jp/zemi/ml/　2018年11月30日閲覧

◎ 文部科学省「日本語指導が必要な外国人児童生徒の受け入れ状況等に関する調査（平成24年度）結果について」http://www.mext.go.jp/b_menu/houdou/25/04/_icsFiles/afieldfile/2013/04/03/1332660_1.pdf

◎ ROMPERS ふわふわ布絵本のロンパーズ http://www.rompers.co.jp/　2018年11月30日閲覧

参 考 資 料

部分指導案

　教育実習，保育実習では，多くの学生が絵本を読む体験をしている。責任実習として指導案を作成して行う場合もあれば，実践力を高めることを目的に，指導案なしで取り組む場合もある。どちらも学生にとっては貴重な機会となっていることだろう。

　保育活動にはねらいがあり，保育者の意図がある。保育者が子どもの姿を的確にとらえ，発達を助長する計画を立てるのが指導案である。「たかが絵本読み」の指導案作成は，実習生にはむずかしいようである。しかし，「されど絵本読み」であり，保育活動として絵本選びから真摯に取り組んでほしい。

　選んだ絵本の内容は，対象となる子どもたちの興味関心にかなっているか，人数に適した大きさであるか，所要時間は年齢相応であるか。そして，どのようなねらいで，どのような時間帯に，どこで，どのような隊形で絵本を読むのか。絵本を読む前後の時間，子どもたちは何をしているだろうか。それによって，実習生の様々な関わりが見えてくる。以上のことを細かく想定し，丁寧に組み込んで，指導案としてまとめるのである。

　そこで，幼稚園の3歳児を対象にした「降園前に絵本を読む」指導案の一例を紹介する。保育者が立案したものであり，絵本読みそのものよりも，その前後の様子が細かく示されている。子どもたちが絵本を読む時間を楽しめるような環境構成にも心を配り，実習時の参考資料としてほしい。

日　時	11月○日　金曜日		担任氏名	○○　○○
対象児	○○組　3歳児　男児9名・女児11名　計20名			

〈内容〉
一日の保育が終わる降園前の時間，身支度を整えて絵本を読んでもらい，迎えを待つ。

〈活動のねらい〉
・遊んでいたものを片づけて，自発的に降園準備をする。
・一日の終わりを落ち着いた気持ちで過ごす。
・絵本に興味をもち，物語の世界を楽しむ。

時間	予想される子どもの活動	保育者の援助と留意点	備考（環境の構成・準備する物・その他）
13:30	片づけ ・保育室，園庭，ホール等，思い思いの場所で遊んでいる。 ・当番の子どもは降園準備を知らせる。 ・お弁当を食べ終わっていない子どもや片づけが終わっていない子どもがいる。 ・降園準備の時間と分かり，自発的に片づけをする子どもと，遊んでいた場を離れてしまう子どももいる。	・降園準備の時間であることを当番に伝える。 ・砂場で泥んこになっているような場合には，着替えの時間を見越して少し早めに片づけを促す。 ・お弁当の片づけを促す。 ・子どもが自発的に片づけられるように，一緒に手伝いながら片づける。片づけをしない子どもには，特に丁寧に関わって一緒に片づける。	・保育室に椅子を並べて準備のできた子どもたちから着席できるようにしておく。 ・お弁当が遅い子どもは，いつものことか，特別なことか見極める。理由に応じた対応をする。 ・保育者は分担をして，保育室，園庭をきれいに片づける。

時刻	子どもの活動	保育者の援助と配慮	環境構成と準備
	・排泄，手洗い，うがいを済ませる。	・着替えが必要な場合には自分でするように促し，汚れ物はもち帰るように指示する。	・トイレ，手洗い場の汚れなどを確認する。
	・手洗いで袖を濡らす，排泄の失敗などもある。		
	・走ってぶつかったり，けんかをしたりすることもある。	・けんかが起きたり，ケガをした場合にはその対応をする。補助の保育者とクラス対応，個別対応を分担する。ほかの子どもたちが何をすればよいのか分かるように指示する。	
	・身支度をし，リュックを背負って椅子に座る。	・一段落したら，排泄，手洗い，うがいを済ませたのか確認する。	
	・タオルの片づけに気付いている子どもと，言われても片づけない子どももいる。	・金曜日であるため，タオルをたたんでもち帰るように促す。	・コートかけやタオルかけを子どもが取りやすいように移動する。
	・雨の日や寒い日には身支度をする。自分でできる子どもとそうでない子どもがいる。自分でがんばろうとしたり，かんしゃくを起こす子どももいる。	・コートは手伝うだけでなく，自分でできるように，各自に必要な援助をする。	・13名から14名程度の支度ができたら，保育者も椅子に腰かけて話を始める。
	・身支度を終えて椅子に座って待っている子ども，着席をしていない子どもがいる。		・身支度がまだできていない子どもには言葉をかけたり，補助の保育者が担当する。
13:45	・全員の支度ができて着席する。保育者の話を聞く。	・全員を見回し，身支度の確認をする。ボタンを留めていない，ファスナーを閉めていない場合には留めるように促す。	・保育室が整理整頓されているのか子どもと確認する。
	・当番は当番バッチを取り，当番表をめくる。	・当番が気付いていない場合には促す。	・子どもが当番表をめくるため，その前に障害物等があれば片づけておく。
	・上靴袋を取り，上靴を袋に入れたら椅子の下に置く（もっていると，手提げ部分を口にくわえることもある）。	・上靴袋を子どもの前に置く。	
	・袋に気付かない子ども，先走る子ども，上靴を片づけない子ども等がいる。	・子どもの状態に応じて，必要な言葉をかけたり，手伝ったりする。	
13:50	絵本『どろんこハリー』を読んでもらう。	・絵本が見えにくい場所の子どもたちは，移動するように促す。	・絵本に光が当たらないようにカーテンを閉める，読む場所を変えるなど工夫する。
	・自分で見えやすい場所に移動する子どももいる。	・静かになるのを待ち，絵本『どろんこハリー』を読む。 ・言葉のリズムが感じられるように楽しく読む。 ・子ども全員に絵が見えているのか留意し，ゆっくりページをめくるところ，速くめくるところを考慮する。	『どろんこハリー』（ジーン・ジオン＝文　マーガレット・グレアム＝絵　わたなべ しげお＝訳　福音館書店）
	・物語に引き込まれる子ども，途中で隣の友達にちょっかいを出す子どももいる。	・よほどのことがない限り，途中で読むのを止めない。 ・読み終わったら，余韻を楽しめるように，呼吸も静かにゆっくりする。	
	・場所を移動した子どもは席に戻る。	・移動した子どもには椅子に戻るように促す。	
14:00	降園 ・挨拶をして迎えを待つ。	・来週に期待をし，気持ちよく帰れるように挨拶をする。	・傘をさす場所や，ベビーカーが行き交うスペースなどにも注意を払い，安全面に留意する。
	・保育者に名前を呼ばれたら椅子を片づけて保護者のところへ行く。上靴の袋をもち帰る。	・保護者の顔を確認したら，子どもの名前を呼ぶ。	
	・外靴に履き替え，挨拶をして帰宅する。	・椅子を重ねない子どもや上靴袋をもち忘れている子どもには言葉をかける。	
	・迎えが遅くて不安に感じたり，遊び始めてしまう子どももいる。	・保護者のもとへ向かう子ども，保育室に残る子どももそれぞれに気を配り，必要に応じて対応する。 ・保護者に伝達事項がある場合には，少し待っていただき，一段落したら話をする。	

[執筆者紹介・分担] （掲載順，2020年5月現在）

大豆生田啓友（おおまめうだ・ひろとも）＝編著者／はじめに，第1章，第4章第1節，第4節2，第6章第1節
玉川大学教育学部教授

佐藤浩代（さとう・ひろよ）＝編著者／第3章，第5章，参考資料
東洋英和女学院大学人間科学部講師

岩田恵子（いわた・けいこ）＝第2章
玉川大学教育学部教授

柴田愛子（しばた・あいこ）＝第4章第2節，第3節コラム『本音』『本音は育ちます』『子どももあります本音と建前』
第4節1，第6章第2・3節
りんごの木子どもクラブ代表者

青山　誠（あおやま・まこと）＝第4章第3節
しぜんの国保育園副園長

河合高鋭（かわい・たかとし）＝第7章
鶴見大学短期大学部准教授

甲斐仁子（かい・きみこ）＝第8章
東洋英和女学院大学名誉教授

◆◆ Staff ◆◆

[編集協力] カラビナ　[カバー・本文デザイン] 里山史子・松岡慎吾　[レイアウト・DTP] 東光美術印刷　[校正] 永須徹也

保育・幼児教育シリーズ　改訂第2版

言葉の指導法

2014年11月25日　初版第1刷発行
2019年2月15日　改訂第2版第1刷発行
2024年4月25日　改訂第2版第4刷発行

JASRAC 出 1413338-407

編著者　大豆生田啓友・佐藤浩代
発行者　小原芳明
発行所　玉川大学出版部
〒194-8610　東京都町田市玉川学園6-1-1
TEL 042-739-8935　FAX 042-739-8940
www.tamagawa-up.jp
振替：00180-7-26665
印刷・製本　日新印刷株式会社

乱丁・落丁本はお取り替えいたします。
©Hirotomo Oomameuda, Hiroyo Sato 2019
Printed in Japan
ISBN978-4-472-40566-2 C3337/NDC376